竹本　護
Takemoto Mamoru

『人類院』創設の構想

『人類大統合』を目指して

たま出版

目次

『人類院』創設の構想

『人類大統合』を目指して

第一節・『人類院』創設のために

第二節・『人類院の機構と機能』に関する詳細な説明

第一項・「汎人類的知性機構（人類院）」の創設　110

第二項・人類院における「知性情報登録実務」　278

第一節・『人類院』創設のために

第一項・「大国」としての『人類院』創設の責務

一、「大国」としての崇高性の確立

『1』

（1）

有史来、**【大国】**というものは、自身が「世界史上・人類史上に大国として君臨したという事実の証し」として、

イ、壮麗な都市や巨大建築物の構築、偉大かつ膨大な芸術作品や工芸品の創出、大発見や大発明の達成。

といった文明的偉業のみならず、

ロ、風俗習慣や言語・宗教・芸術・学術、社会制度や政治制度、社会思想・宗教思想や政治思想、

等々の文化的各分野における諸創造行為。
においてもまた『人類社会に十二分に有益である大事業』のそれぞれを相応に成し遂げ、残してきた。
また逆に
「これらの『**文明的文化的大事業**』を成し遂げ、それを後世への遺産として残せるだけの『歴史創造力』を持った国家」
こそが、
【真に『大国』と称される国家】
であったともいえる。

（２）
すなわち、その築き上げえた繁栄と栄華の時代において『汎人類的汎世界的な影響力・教化能力を具有した文明的文化的所産のなにものか』を生み出しうる能力的可能性を持ち、かつ、その「なにものか」を現に生み出し、世界に伝播《でんぱ》させうることこそが
「国家が『**大国**』として世界史上・人類史上に名を残すための必要十分条件である」
ということであるが、

（３）
二十世紀後期から二十一世紀初頭期にかけての時代において紛れもなく
【世界第二の経済大国と称されるほどの高い国家的地位を得たわが『日本国』】

は、その〝大国としての能力・実力〟において、後世から

【人類の遺産、とりわけ**『知的遺産』】**

と称えられるにたる、いかなる**『文明的文化的事績』**を残しうるであろうか。

『2』

(1)

現在のわが国は国民総員の営々たる努力のもと、その卓越した経済運営の手法と工業技術開発能力により経済大国・技術大国となりはしたが、

いまあらためて、

「それでは、日本は**『世界の大国』**として、人類史・世界史になにを残しつつあるのか、また残そうとしているのか」

と尋ねてみるとき、

「われわれ日本国民が人類に対し世界に対して自信をもって『これだ』と答えうる**【象徴的かつ具体的な事物】**」

は、なにもないのが実情である。

（２）

確かに現在のわが国は「国際社会に貢献する日本」の旗印を掲げて経済援助活動や金融投資活動およびまた国際政治の現場に対する時事的緊急的支援活動等々の諸活動によって「世界に役立つさまざまな営為」を行なっているのは事実であり、その評価はなされてしかるべきであるとは思うが、残念ながらこれらの営みも

「人類史・世界史にその意義を確立しうるような**明確な哲学・理念**」

に基づいて成されているとは言いがたいものがあり、われわれ国民自身の率直な印象としても、

「金持ち国が、金があるから求められるからと、ただそれだけで気前よく金を出している」

といった域を出ないものでしかない。

（３）

したがって、現在のこの

「国際政治に対する統一的な目的意識や二十年後三十年後の世界に向けての戦略的展望もないままの金使い、すなわちまた〝散財〟と非難されてもしかたのないような主体的意図希薄にして無気力な金使い」

を続けていたのでは、もし将来「日本の経済力」が衰えたとき、

｛２００５年に至ってついに人口減少社会に突入し、三十年後には統計的に確実に高齢化社会の頂点を迎えるわが国が、今後も進行し続けてやまない「労働人口の減少と扶養人口の増大と

いう現実」の前に次第にその国力（とりわけ経済的余力）を衰退させていく可能性があることは国民誰しも否定できないはずである。｝

【日本という国家】は、

『一時代の〝富と栄華〟を得はしたが、歴史に語られるべきなにものも残しえなかった旧大国』ということになりかねない。

（4）

これでは〝**大国日本**〟というべく、いささか心寂しい話であり、「いま現に日本は世界の大国である」という事実に思いを馳せるとき、われわれ日本国民は、今こそこの事実と現実に拠っての

【人類史世界史に大国としての名誉と栄光を残しうる文明的文化的な一大事績】

のなにごとかを成し遂げ実現することを考えるべきである。

『3』

（注）。

国家および国民が国際社会においていたずらに〝大国意識・大国顔〟を振りかざすことは国家的国民的品性品格にも欠ける愚かな行為でもあり戒めるべきことでもあろう。

しかしながら、今日ただ今の時代において、

「日本国および日本国民が自国にかかわる国際的対外的な発想と行動およびまた主張を行なうために身につけておくべき『**的確な自己認識**』」

として

すなわち、

イ、『**日本は大国である**』との自己認識。

ロ、「人口・国土海洋面積・資源や経済力・金融力・技術力・文化力・学術力・思想力・民生力・軍事力等の国力指標」を総合的に判断してみるとき、日本は〝超大国〝ではありえないが、世界百数十か国の諸国に比してみれば紛れもなく『大国として認定されるべき（少なくともけっして中小国ではありえない）実態的実力を保有している国家である』との自己認識。

を持つことは、

「国際社会におけるその行動と立ち居振る舞いにおいて過誤を犯さないためにも、すなわち『卑小ならず尊大ならず行ない過ぎず行ない足りずの身の丈相応の振る舞いをする』ためにも、また、『国際社会に対する実際的実務的で多様な責任ある貢献と義務を的確着実に果たす』ためにも不可欠な前提条件である」

のは、言うまでもないことである。

『4』

国民のみなさんは今、

「日本が国際社会に貢献しているのは金がらみのことだけ（金以外に主張すべきすべを持たない）」

という、〝国家的な志の低さの自己認識〟のゆえに、胸中に、

「（二十世紀末期における）世界一のＯＤＡ（政府開発援助）国、世界第二位の国連分担金拠出国等々、経済援助や資金拠出等であたらの大金を費しながら、世界に対してなにかしら胸を張るのがためらわれる思いと、『世界からありがたがられはしても尊敬されてはいないのではないか』という不満感」

をくすぶらせてはいないだろうか。

言いかえれば、国民のみなさんはいま胸中に、祖国に対する思いとして、

【「他国から仰がれるにたる『その経済力に相応する国家としての格や徳』を備える」といった**『国家態様としての崇高性の確立に対する願望』**】

を募らせてはいないだろうか。

二、「大国」としての『人類院』創設の責務

『1』

「戦後」にかぎって考えてみれば、**『日本という国家』**は、「敗戦の荒廃と貧窮のさなかから立ち上がり、国民こぞって懸命に働くこと四十年五十年にしてついに世界に冠たる財を成し、堂々世界第二の経済大国の地位にまでのし上がった新興国家（2012年以後の時点ではGDP順位第三位ではあるが）」と見ることもできる。

したがって、この日本という国家は（発想の一方法として）、「国興って半世紀余。ようやくに**『大国としての格や徳』**といったものに思いをめぐらし身を整えるだけの意識の余裕を持てる段階に至った〝**壮年国家**〟」と考えてもいいわけであるが、

『国家が大国としての格や徳を備える』ためには、言うまでもなく、「国家がその経済力や技術力において強大である」というだけでは〝条件不足〟であり、

国家にはなによりもその「言動と実績」において、

【全人類および他国・他国国民をして瞠目《どうもく》せしめ畏敬せしめうる『汎人類的・汎世界的規模での知的創造性と高揚した理想主義』】

を保有することが求められる。

『2』

そこで、私は、国民のみなさんに対し、

イ、この「『汎人類的・汎世界的規模での知的創造性と高揚した理想主義』を保有すること」という条件を満たし、日本をして**【世界の大国としての格と徳を備えた国家】**とならしめるための一案。

すなわちまた、

ロ、「経済大国日本」を同時に**【知性大国日本】**とならしめるための一案。

およびまた、

ハ、『大国日本』が成し遂げるべき【人類史・世界史に『創造者・創造国家としてのその名誉と栄光』を刻し残しうる**汎人類的汎世界的事績**】の一案。

として、ここに、

【『人類院』の創設】

を提案提唱してみたい。

『3』

（1）

もとより、

「**【『人類院』という汎人類的知性機構】**を創設する」

という営為は、本来理念的には「その汎人類的理想主義と汎人類的有用性を理由としてのみ成されるべきもの」であり、

「一国における大国としての国家態様を高めるためや人類史的世界史的な大業績を残すという〝国家的野望〟を遂げるための手段」

として成されるべきものではない。

すなわち、「国家意識に起因するこれらの動機」は、

「『汎人類的知性機構であるべき人類院』におけるその存立と活動の理念」

からすれば、いささか〝不純な動機・筋違いな考え〟であるともいいうる。

（２）

しかし、一方で、

イ、**【人類院の創設】**。

すなわち、

ロ、「人類の意思の創造」により**【人類の意思的統合】**を成し遂げ、「人類社会における知性情報の集積」により**【人類の知性的統合】**を成し遂げ、もって**【人類大統合】**を成し遂げ実現するような『**汎人類的大理念行為・大目的行為**』。

は、後述の「第三項・国民のみなさんへ（人類院創設のために）」において具体的に述べているように、

「『その創設のための組織づくりや資金集め、所要用地の確保や街区の設定、諸施設諸建物の建設設置、関連法や周辺法の整備、さらには国際社会に対する説得、等々の諸準備行為』において、私人や民間次元での努力だけでは容易には成しえない（実際的には不可能といってもいい）『**汎世界的・汎人類的規模での体系的総合的な発想と行動を必要とする一大理念行為・大目的行為**』」

であることは言うまでもないことであり、

（3）

その「構想」のかたわらに
『〝**大国**〟としてその構想の実現を十分に助力しうる能力を持ちかつその意欲を持ちうる国家』が存在するならば、その国家の能力と意欲を受けこれを〝活用〟するのもまた、「ひとつの現実的な対処方法、目的遂行のための戦略的便法」として許されるはずである。

｛逆にいえば、その「創設」が成されるまでの期間にかぎってならば、日本国も、「**【人類院創設の営為】**を『国家的名誉の獲得や国際社会における知的地位向上のための手段として利用する』だけの〝**外交戦略的したたかさと国家知的たくましさ**〟」を持つべきである。｝

『4』

（1）

【人類院の創設という構想】は、われわれ日本国民が人類社会に対し世界に対して発信する「われわれ日本国民の**独創になる構想**」であり、かつ、

1、人類社会において、

イ、全人類にとっての『**英知と良心の府**』。

および、

ロ、「人類という知的有機体」における『**頭脳**』。

として存在し機能すべき汎人類的知性機構としての【**人類院**】を創設し、

2、その機構活動によって、

イ、「**第一機構機能**」としての【**人類の意思的統合**】を成し遂げ実現すること。

すなわち、

「人類社会において汎地球的・汎人類的・汎世界的意義を保有して生起した政治的諸問題・社会的諸問題を汎人類的規模で効率的かつ体系的に解決すること」を目的として『**人類院会議**』を開催し『**人類院声明・人類院特別声明**』を発表し『全人類にとっての英知と良心の最大最高の表現機関』として機能することにより、「当該の政治的問題・社会的問題」を効率的かつ体系的に解決し、

もって、『**人類の意思の創造**』と【**人類の意思的統合**】を成し遂げ実現すること。

および、

ロ、「**第二機構機能**」としての【**人類の知性的統合**】を成し遂げ実現すること。

すなわち、

『人類院』において「汎人類的汎世界的な有益性と有用性を保有すると認められる『**非政**

府団体』『知性会議』『知性資料』」を登録することにより、人類院を『知性情報に関する人類社会における最大にして唯一の**集積中枢・保存中枢・発信中枢**』および『知性主体と知性情報に関する汎人類的汎世界的な**情報網・連絡網・連携網**』として機能させ、

もって、**【人類の知性的統合】**を成し遂げ実現すること。

の「二大機構機能」を達成し、

3、この『人類の意思的統合と知性的統合』を成し遂げ実現することによって**【人類大統合】**を成し遂げ実現し、

4、もって、「『人類社会の総体における究極理想の政治社会・人間社会』の構築」に寄与貢献し「『人類の総員における政治的社会的人間的至福』の万全なる享受」に寄与貢献する。

という「人類院のその存立の目的と性格と機能」ゆえに、

『この構想の提案』は、

【汎人類的・汎世界的規模での『知的創造性と高揚した理想主義』】

を保有する提案である。

（２）

したがって、「われわれ日本国民の提唱と主導的運動」により**【人類院の創設】**が成ったとき、「われわれの国家日本国」は、国際社会において確実に

【大国としての格と徳を備えた国家】

としての一評価を得ることができるはずである。

『５』

（１）

そして折しも、提唱者であるわれわれ日本国民が築き上げた国家**【日本国】**は、「世界第二（もしくは第三位）の経済大国・技術大国としてその経済力・金融力や工業技術力を背景にした国際的な発言力と説得力をすでに十分に身につけえた国家」であり、その日本国には、

「『祖国をして大国としての格と徳を備えた国家とならしめたい、人類史世界史に残しうる文明的文化的偉業のなにごとかを成し遂げたい』という**国民的国家的願望**」も潜在的顕在的に十二分なまでに蓄積され存在している。

（2）

また一方、時あたかも新世紀を迎え、汎人類的汎世界的に「人類の未来に希望と光明を抱かせるにたる新事物新事象の生まれ来ることを期待する心理」が高まっているのも当然にして必然といえ、

さらには戦後四十年間続いた冷戦構造の崩壊を受けてはやすでに二十年余、「『**新しい世界秩序や世界的新政治構造**』を模索する動き」も汎世界的規模・汎人類的規模で思想界に底流し続けている。

（3）

こうした「内外の時代的転機の事情」を考え合わせてみるとき、

「**【人類院】**を創設し**【人類の意思的統合と知性的統合】**および**【人類大統合】**を成し遂げ実現することによって『人類社会の総体における究極理想の政治社会・人間社会の構築』に寄与貢献し『人類の総員における政治的社会的人間的至福の万全なる享受』に寄与貢献する」

という構想に関しては、まさに、

「その実現のための時の利は天地の間に満つ。すなわち、時代が歴史が人心がそれを望んでいる」

といった状況といえる。

（4）

したがって、「われわれ日本国民も日本国も」、今こそこの〝世界史的・人類史的な風雲の機〟に乗じ、

「**『大国日本』**における**『大国としての世界史的・人類史的な責務の行為』**」として、

【「『人類院』を創設し**『人類大統合』**を成し遂げ実現する」というこの**『汎人類的大理想』の実現】**

に向けての行為行動を起こし、もってその『成就の大願大業』を果たすべきである。

第二項・「人類院宣言」

一、「人類院宣言（全文）」

『1』

（1）

人類が**【人類院】**を創設するに際しては、当然、汎人類的規模でその**【賛同者】**を得る必要があり、かつ、この「汎人類的規模における賛同者」を得るためには、「人類院の創設にかかわる有志」が人類社会に対して広くその**【創設の趣意】**を表明する必要がある。

（2）

また、**『人類院運動』**を推進し**『人類院会員』**の増大を図るためには、「人類の各員」に対し、

1、「人類院の存立と活動にかかわるその**『人類にとっての意味と有益性』**」を十分に説明し、その「賛意賛同」を求める必要がある。

2、すなわち、

「人類が人類社会において**【人類院】**を創設しかつこの人類院におけるその『機構活動』により、

イ、「**第一機構機能**」としての**【人類の意思的統合】**を成し遂げ実現すること。

すなわち、

「人類社会において汎地球的・汎人類的・汎世界的意義を保有して生起した政治的諸問題・社会的諸問題を汎人類的規模で効率的かつ体系的に解決すること」を目的として**『人類院会議』**を開催し**『人類院声明・人類院特別声明』**を発表し**『全人類にとっての英知と良心の最大最高の表現機関』**として機能することにより、「当該の政治的問題・社会的問題」を効率的かつ体系的に解決し、

もって、**『人類の意思の創造』**と**【人類の意思的統合】**を成し遂げ実現すること。

および、

ロ、「**第二機構機能**」としての**【人類の知性的統合】**を成し遂げ実現すること。

すなわち、

『人類院』において「汎人類的汎世界的な有益性と有用性を保有すると認められる『**非政府団体**』『**知性会議**』『**知性資料**』」を登録することにより、人類院を『**知性情報**に関する人類社会における最大にして唯一の**集積中枢・保存中枢・発信中枢**』および『**知性主体と知性情報**に関する汎人類的汎世界的な**情報網・連絡網・連携網**』として機能させ、もって、**【人類の知性的統合】**を成し遂げ実現すること。

の意味と有益性」

を十分に説明し、その「賛意賛同」を求める必要がある。

（3）

さらにまた、「人類院がその活動を円滑かつ十全に行なう」ためには、その前提として、人類社会において、

イ、人類院の存立と活動にかかわるその『**人類にとっての意味と有益性**』。

の趣意が普遍され、かつ、

ロ、この「趣意」に対する人類の各員による『**広範な理解**』。

が得られておく必要がある。

（4）

すなわち、人類社会において**【人類院】**を創設し『**人類院運動**』を推進するためには、また「人類院の活動を円滑かつ十全に行なわせる」ためには、その必要不可欠なるべき前提として、

1、「『人類院の創設にかかわる有志』および『人類院』」が、
イ、人類院の存立と活動にかかわる**【基本理念】**。
を明確にし、かつ、「この基本理念」を人類社会に対して
ロ、**【宣言】**。
として広く表明し、
2、もって「『この基本理念とこの宣言』に対する人類の各員による広範な理解と賛同」を得る
必要、また、得ておく必要がある。

『2』
（1）
『1』における「人類院の存立と活動にかかわる基本理念を表明した『宣言』」を

【人類院宣言】

と称する。
（2）
すなわち、
【人類院宣言】とは、

【「『人類院の創設』にかかわる有志一同」が「人類院の創設」に際して人類社会および人類の総員に対して「人類院の創設およびその存立と活動にかかわるその理解と賛同」を求めるために表明する『宣言』で、

1、「『人類院の創設』に向けての有志一同の決意」を表明し、

2、「人類院の存立と活動にかかわる『基本理念』」としての

イ、人類院におけるその「創設の目的と趣意」。

および、

ロ、人類院の存立と活動にかかわるその「人類にとっての意味と有益性」。

を表明した宣言。】

をいう。

『3』

【人類院宣言の全文】に関しては、以下のとおりである。

＊　＊　＊　＊　＊　＊

【人類院宣言】

『1』

「『人類院の創設』を志向し相集うわれら有志一同」は、

われらを包む新世紀二十一世紀のその時代の曙光《しょこう》とともに、心機一新、われらが地球上に「自由と平等、平和と繁栄、栄光と尊厳に満ちたわれらの新時代われらの新世界われらの新人間社会」を決然築くべく

本日ここに

【人類院】

を創設し、

「われら人類総員の協調と協和、協力と協同」によって、

「われら人類総員の『**意思的統合**』」を成し遂げ、

「われら人類総員の『**知性的統合**』」を成し遂げ、

もって、『**人類大統合の偉業**』を成し遂げ実現することにより、

「われら人類総員幾十億の政治的社会的人間的至福の実現」

に邁進《まいしん》することを

ここに厳かに宣言する。

『2』

「『人類院の創設』を志向し相集うわれら有志一同」は、右の宣言に基づき、右の趣意を実現すべく、人類社会および人類の総員に対し、本日ここに、以下の

一、第一人類院宣言

「【人類院】の創設」

二、第二人類院宣言

「【人類の意思的統合】の実現」

三、第三人類院宣言

「【人類の知性的統合】の実現」

四、第四人類院宣言

「【究極理想の政治社会・人間社会】の実現」

五、第五人類院宣言

「【人類大統合】の実現」

の五種の**【人類院宣言】**を成すものである。

一、第一人類院宣言

「【人類院】の創設」

『1』

「『**人類院の創設**』を志向し相集うわれら有志一同」は、

われらのおのおのが、

一、個人としてあるいは集団や国家の構成員として人類社会を構成しているのみならず、『**人類の一員**』としてまた『**地球人**』として人類社会を構成している事実。

およびまた、

二、「汎地球的・汎人類的・汎世界的意義を保有して生起する政治的諸問題・社会的諸問題における その問題と解答」を『地球上のすべての人々』と共有し合って生存している事実。

この両事実をここに厳粛に認識し自覚しつつ、

『2』

われらのおのおのが、

一、「人が人として相互に備え持つ人間的差異」としての
「『人種・民族・性別・資質・能力』等の人間的属性の差異」

「『出身社会・所属集団・所有物相』等の社会的属性の差異」

「『政治思想・宗教思想・道徳思想』等の社会思想的属性の差異」

「『言語・風俗・慣習』等の社会生活的属性の差異」

等のすべての人間的差異を超越した
『相互に対等同等であるべき人間的価値と人間的尊厳』

を保有して存在する「一人の人間」。

およびまた、

二、「個人・集団・国家を問わずいかなる他者の意思や思想や主張にもとらわれることのない**『自由にして独立した意思と思想と主張』**」
を保有して存在する「一人の人間」。

としてのそれぞれの「人間的資格」をもってここに集い、

『3』

ここに、

一、「人類社会において汎地球的・汎人類的・汎世界的意義を保有して生起する政治的諸問題・社会的諸問題に対する汎人類的規模での効率的かつ体系的な解決」との『**目的原理**』。

二、「人類院会員および全人類に対する思想的啓発による間接的な思想誘導と思想制御の機能」との『**機能原理**』。

三、「人類院会員および全人類における地球人意識を象徴する存在。およびまた、人類院会員および全人類にとっての英知と良心の府」との『**性格原理**』。

四、「人類院会員となることを希望する人々における『その任意の判断に基づく自発的自己責任的な加入で、かつ、その加入に際してのまた加入後の会員としての制度的権利と制度的義務にかかわる条件設定を伴わない加入』をへて会員となった人々による構成」との『**構成原理**』。

の四種の「機構原理」を具有する

【汎人類的知性機構】

を創設することを宣言し、

『4』

この『汎人類的知性機構』を

【人類院】

と称することを

ここに厳かに宣言する。

二、第二人類院宣言
「【人類の意思的統合】の実現」

『1』

「『人類院の創設を志向し相集うわれら有志一同』および『人類院』」は、
「人類社会において汎地球的・汎人類的・汎世界的意義を保有する政治的問題・社会的問題」
が生起した場合においては、

『2』

『人類院』において、

一、「当該の政治的問題・社会的問題を解決するために最適任である『**汎人類的英知と汎人類的良心を保有する知性人**』を結集しての会議」としての**【人類院会議】**を開催し、

二、この会議において「当該の政治的問題・社会的問題を解決するための思想主張」としての**【人類院声明・人類院特別声明】**を決定し、

三、この【人類院声明・人類院特別声明】を『人類院の名』において人類社会に表明し主張することにより、

『3』

「人類社会」において、

一、人類院会員および人類の総員が「この人類院声明・人類院特別声明における思想主張」に対してその『自発的な賛否の思慮と問題解決に向けての意思形成』を行なう汎人類的知性状況。

およびまた、

二、「この人類院声明・人類院特別声明における思想主張」に基づいての『汎人類的汎世界的統一性のある国際世論の形成』がなされる汎人類的知性状況。

を創出し、『当該の政治的問題・社会的問題の汎人類的解決』に努め、

『4』

もって、

一、『**人類院**』を
「全人類にとっての『**英知と良心の府**』」
として機能させ、
二、「人類院機能の理念的成果」の一としての
【人類の意思の創造】
を成し遂げ、
三、「人類院創設の理念的目的」の一としての
【人類の意思的統合】
を成し遂げ実現することを

ここに厳かに宣言する。

三、第三人類院宣言
「【人類の知性的統合】の実現」

『1』
「『人類院の創設を志向し相集うわれら有志一同』および『人類院』」は、
「『人類院の機構外において行なわれる汎人類的汎世界的範囲での多種多様な知性活動』を支援

し、かつ、当該の知性活動を汎人類的汎世界的規模で活用すること」を目的として、
『人類院』において、
一、「汎人類的汎世界的な有益性と有用性を保有すると認められる『**非政府団体**』『**知性会議**』『**知性資料**』」
を登録し、その「関連諸情報」を保存し公開することにより、

『2』

『人類院』を
一、「人類院会議に基づいての多種多様な知性活動にかかわる諸情報」および「人類院の機構外において行なわれる汎人類的汎世界的範囲での多種多様な知性活動にかかわる諸情報」に関する
「人類社会における最大にして唯一の【**集積中枢・保存中枢・発信中枢**】」
とし、
二、「これらの諸情報の永久的保存と自在な公開」により、
「人類院を拠点とし中枢とする【**知性主体と知性情報に関する汎人類的汎世界的な情報網・連絡網・連携網**】」
を形成し機能させ、

『3』

「個人・団体・国家等のすべての社会主体・知性主体」に対して、その活用により、
一、「人類社会・国際社会に存在し有益有用である多種多様な知性情報」を容易に大量に迅速に正確に詳細に入手すること。
二、「その知性活動の範囲」を容易に迅速に「汎人類的汎世界的範囲」にまで拡大すること。
三、その「共通目的の達成」をめざして「個人・団体・国家等といった社会主体・知性主体としての性格と規模を超越した連携活動」を行なうこと。
四、その「相互の連携活動」を介して相互に「その知性主体としての汎人類的汎世界的一体感」を形成しつつ「その活動成果の相乗的充実と拡大」を得ること。
五、「人類社会・国際社会に汎人類的汎世界的意義を保有して生起する多様な政治的諸問題・社会的諸問題」を「社会主体・知性主体としての個人・団体・国家等におけるその協同作業・連携作業」によって汎人類的汎世界的規模で効率的かつ体系的に解決すること。

を支援し保障し、

『4』

もって、

一、『人類院』を

「人類社会において相互に連携し合い連動し合いながらそれぞれに思考し記憶し主張し活動するその数十億の人間細胞からなる『**人類という知的有機体**』における**【頭脳】**」

として機能させ、

二、「人類院創設の理念的目的」の一としての

【人類の知性的統合】

を成し遂げ実現することを

ここに厳かに宣言する。

四、第四人類院宣言

「**【究極理想の政治社会・人間社会】**の実現」

『1』

「『人類院の創設を志向し相集うわれら有志一同』および『人類院』」は、

「人類院におけるその機構活動」により、

【人類にとっての究極理想の政治社会・人間社会】

すなわち、

【「全人類のそれぞれが自身の至福のために最適であると考える人間としての様態の確立を得ることができ、その生存と生活において十全なる満足の得られる政治社会・人間社会」としての

一、『**政治的人間的自由**』に満ちた政治社会・人間社会。

すなわち、

1、人が人として、自由に政治運営・国家運営に参加することができる

2、人が人として、自由に政治活動を行ない自由にその政治的意思を表明し表現することができる

3、人が人として、自由に社会活動や社会的発言を行なうことができる

4、人が人として、人としての生き方における法規範や社会規範を超える以上の格別の制限や干渉を受けることなく自由にみずからの願いどおりに生きていくことができる

その政治社会・人間社会。

二、『**社会的人間的平等**』に満ちた政治社会・人間社会。

すなわち、

1、人が、その社会生活において、また、人としてのあり方において、

「『人種・民族・性別・資質・能力』等の人間的属性の差異」

「『出身社会・所属集団・所有物相』等の社会的属性の差異」

「『政治思想・宗教思想・道徳思想』等の社会思想的属性の差異」

「『言語・風俗・慣習』等の社会生活的属性の差異」

等の差異を理由とするなんらの社会的差別・人間的差別を受けることなく、それぞれが人として平等かつ対等に扱われながら生きていくことができる

その政治社会・人間社会。

三、『**主権的人権的尊厳**』に満ちた政治社会・人間社会。

すなわち、

1、人が、国民として、自国の他国に対する主権的態様を保全することができ、国民自身のみによる政治運営・国家運営によって国民としての最高最善にして理想の政治様態・国家様態を得ることができる

2、人が、自身における人としての尊厳に対する侵害を排除することができ、他に対して人としての尊厳を主張することができる

その政治社会・人間社会。

四、『**国際的国内的平和**』に満ちた政治社会・人間社会。

すなわち、

1、人が、国家間における戦争や軍事紛争・軍事対立等のない平穏平和な国際環境を得ることができる

2、人が、内戦・内乱や武力衝突および暴力行為等の起こらない平穏平和な国内環境を得ることができる

その政治社会・人間社会。

五、『**文化的文明的繁栄**』に満ちた政治社会・人間社会。

すなわち、

1、学術・芸術・運動競技・趣味・娯楽等の文化的営みを自由に行なえる必要にして十分な社会環境が整えられており、かつ、この環境下に各人がそれぞれにその研究活動・創造創作活動・学習活動・練習活動・実行活動等をその欲するままに自在に行なうことができる

2、その発達した科学文明・経済文明・技術文明・医療文明等の諸文明の恩恵下にあって、各人がそれぞれに心身ともに健康かつ快適で精神的・物質的に豊かな日常生活を営むことができるその政治社会・人間社会。

の五種の政治社会条件・人間社会条件を同時的に満たした政治社会・人間社会】

の実現に寄与貢献することを

ここに厳かに宣言する。

五、第五人類院宣言
「【人類大統合】の実現」

『1』

「『人類院の創設を志向し相集うわれら有志一同』および『人類院』」は、

一、人類社会において『**人類院の創設**』を成し遂げ、その機構活動によって、

一、「**第一機構機能**」としての【**人類の意思的統合**】を成し遂げ実現すること。

すなわち、

「人類社会において汎地球的・汎人類的・汎世界的意義を保有して生起した政治的諸問題・社会的諸問題を汎人類的規模で効率的かつ体系的に解決すること」を目的として『人類院会議』を開催し『人類院声明・人類院特別声明』を発表し『全人類にとっての英知と良心の最大最高の表現機関』として機能することにより、「当該の政治的問題・社会的問題」を効率的かつ体系的に解決し、

もって、『**人類の意思の創造**』と【**人類の意思的統合**】を成し遂げ実現すること。

および、

二、「**第二機構機能**」としての**【人類の知性的統合】**を成し遂げ実現すること。

すなわち、

『人類院』において「汎人類的汎世界的な有益性と有用性を保有すると認められる『非政府団体』『知性会議』『知性資料』」を登録することにより、人類院を『知性情報に関する人類社会における最大にして唯一の集積中枢・保存中枢・発信中枢』および『知性主体と知性情報に関する汎人類的汎世界的な情報網・連絡網・連携網』として機能させ、

もって、**【人類の知性的統合】**を成し遂げ実現すること。

の『二大機構機能』を達成し、

二、『人類院創設の最大の理念的目的』としての

「『**人類の意思的統合と知性的統合**』すなわち**【人類大統合】**」

を成し遂げ実現することにより、

『2』

人類社会において成就されるべき

一、「**人類社会の総体における究極理想の政治社会・人間社会**」の構築。
　に寄与貢献し、
二、「**人類の総員における政治的社会的人間的至福**」の万全なる享受。
　に寄与貢献することを
ここに厳かに宣言する。

2020年0月0日
「人類院の創設」を志向する有志一同

＊　　＊　　＊　　＊　　＊　　＊

第三項・国民のみなさんへ
（人類院創設のために）

一、「富士山」を『人類大統合の象徴』に

『1』

（1）

人類社会における文明文化圏は、大別すれば「東洋と西洋」、すなわち、

イ、ウラル・黒海・紅海以東のユーラシア大陸とその東・東南域の島々からなる**『アジア圏』**。

ロ、欧州・北米・南米・アフリカ・オセアニアの各大陸とこれに付属する島々からなる**『欧米圏』**。

の両文明文化圏に分けることができる。

（2）

「**欧米圏**」においては、

近世近代における

イ、文明・文化にかかわる世界的な『覇権力』。

すなわち、

ロ、政治力・軍事力・経済力・工業技術力・文化力・思想力等を要素要因として表現される世界的規模での時代先進的な影響力・作用力。

において世界の中心をなしえた国々が数多く存在したという歴史的経緯から、「国際連合本部（アメリカ・ニューヨーク）・国際司法裁判所（オランダ・ハーグ）・国際赤十字本部（スイス・ジュネーブ）その他の多数の国際的政治機関・非政治機関の中枢」が置かれており、それぞれが機関機構相応に国際的諸問題の解決のために運用されている。

（3）

一方、『**アジア圏**』においては、

「近世近代におけるこれらの世界的な影響力・作用力」の欧米圏に対する〝相対的な弱さ〟から、『汎人類的・汎世界的な性格と機能を具有する国際的政治機関・非政治機関の本部』等をほとんど持つことができなかった。

『2』

（１）

ここで、「交通通信手段とりわけインターネット等の情報交流手段のいっそうの汎地球的汎人類的汎世界的発達」により、二十一世紀の人類社会・国際社会においては国際的な政治的諸問題・社会的諸問題は『全地球的連動性』をもって生起し、したがってその解決のためには**【全人類的・全世界的な協力協同体制の形成】**が不可欠となる。

（２）

こうした国際的な政治状況・社会状況下において、人類が人類社会においてこの『全人類的・全世界的な協力協同体制』を形成し円滑に運用するためには、

イ、これらの政治的諸問題・社会的諸問題を解決するための**【知性の拠点・知性の中枢】**が地球上の一方の地域に独占的に存在し他方の地域に存在しない事態。

は、「この『知性の拠点・知性の中枢』を保有しない地域の国家や個人・諸団体における問題解決意識や協力意思の形成を地理意識的・地政心情的にも弱めること」となり、けっして望ましいことではない。

（３）

すなわち、人類が、

「二十一世紀の人類社会・国際社会において生起する政治的諸問題・社会的諸問題を『全人類的・全世界的な協力協同体制』のもとに解決する」

ためには、

人類は、まず、

1、「これらの政治的諸問題・社会的諸問題を解決するための知性の拠点・知性の中枢すなわち**【国際的に枢要である政治機関・非政治機関】**の多数が欧米圏に偏在的に存在しているという状況を解消すること」

が必要であり、

2、**【アジア圏】**にも、

イ、「有力な**汎人類的・汎世界的な性格と機能を具有する国際的政治機関・非政治機関**」を設けること。

が必要である。

『3』

（1）

【人類院】は、「その汎人類的・汎世界的な性格と機能を具有する国際的政治機関としての〝格〟」において、「**【世界連合】**すなわち『現在の国際連合』」と〝**同格**〟であり、

のみならず、「汎人類的・汎世界的な『**知性機構**』としての〝格〟」においては、「『世界連合』すなわち『現在の国際連合』」に比して、〝**上位の格**〟を保有する。

したがって、**【人類院（人類院本部）】**を「アジア圏内」に置くことによって「アジア圏と欧米圏における『国際的に枢要である政治機関・非政治機関の偏在の現状』を相応に修正すること」

が可能となる。

（2）

また、二十一世紀における世界の人口の過半はアジア圏が占める。

したがって『人類院』という「〝個人〟をその構成単位とする政治機構・知性機構」は、【アジア圏】に置かれてこそ「その汎人類的知性機構としての本来的意義」を確かなものとすることができる。

さらにまた、二十一世紀においては、時代の進行とともにとりわけ東・東南アジア地域において大きな経済的興隆、したがってまた「国力と国際的発言力の増大」が予測されることからも、

イ、国際的な政治的諸問題・社会的諸問題を解決するための「全人類的知性の活動拠点・活動中枢の一つ」。

を**【アジア地域】**に置くことは、

ロ、**『全人類的知性の比重』**の人類史的・世界史的な地球地理的移動傾向の必然。

として「十分に正当かつ意義あること」といえる。

『4』

【人類院（人類院本部）】をアジア圏に置くに際しては、

イ、『人類院の創設提唱国』である。

ロ、アジア圏のみならず、世界における「人・物・金・技術・情報等の文明要素・文化要素」の

交流の中枢国である。

ハ、「世界の経済大国」として、「その創設と運営のための十分な資金負担能力」を保有する。

等の理由から、

【わが日本国こそがその最適国である】

といえる。

『5』

【人類院（人類院本部）】を「日本国内」に設置するに際してのその『**適地条件**』に関しては、「以下の（1）～（3）の三条件」があげられる。

（1）

「汎人類的知性機構としての人類院の機能活動」を汎人類的規模・汎世界的規模で十全に行なわせるためには、

イ、『人類院を中心とする汎人類的規模・汎世界的規模での知性要素』の円滑なる交流、すなわち「人と情報の多方面かつ迅速な交流」が自在に行なわれること。

が必須の前提となる。

したがって、『人類院』は、

1、「この、汎人類的規模・汎世界的規模での人と情報の流入・蓄積・発信の中心地、すなわち通信と交通の世界的拠点の一としての『**東京の圏内**』」に設置されることが必要である。

（2）

1、**【人類院本部】**は、『人類院における全活動を統轄する中枢施設』として、「**基幹施設棟**」としての

イ、「人類院会議場としての大会議場・中会議場・小会議場」「人類院総会議場」および「人類院式典会場」からなる**【人類院議事堂】**。

ロ、『人類院議事堂の付帯施設棟』として「人類院会議局（人類院会議運営部・人類院会議情報部）の各執務室」からなる**【人類院会議局棟】**。

ハ、「人類院知性情報局（知性情報登録管理部・知性主体活動支援部）の各執務室」からなる**【人類院知性情報局棟】**。

ニ、「人類院事務局（人類院総務部・人類院広報部・人類院財務部・人類院人事部）の各執務室」からなる**【人類院事務局棟】**。

ホ、「『人類院大学院』における各研究室・幹部職員養成室・人類院賞選考室」からなる**【人類院大学院棟】**。

の「五種の施設棟群」によって構成される。

2、また、**【人類院本部区域】**は、その「必要施設」としての

イ、「各職員・各関係者の住宅や人類院会議出席者の宿舎」、および「公園・緑地・交通路・交通機関その他の周辺関連施設」、等々の諸施設。

および、

ロ、「職員（人類院職員＝おおむね千～三千人程度を想定）・関係者やその家族数千人の日常生活を支障なく営みうる街区」を付帯させた『人口数万人規模の小都市構造』を有する諸施設・市街地・市街区域。

によって形成される。

したがって、『人類院』は、

3、「相応の土地空間的容量を保有し、かつ、︷（1）における条件から︸東京との交通の便を有する地区」

に設置されることが必要である。

（3）

人類院は、

イ、**『全人類にとっての英知と良心の府』『人類という知的有機体における頭脳』**として存在し機

能すべき政治機構・社会機構。
であり、
ロ、その「存立の終極的目的」として**【人類大統合】**をめざす知性機構。
である。
したがって、『人類院』は、
1、「その地理的条件としての
イ、「**『全人類にとっての英知と良心の府』『人類という知的有機体における頭脳』**として存在し活動するのにふさわしい地理環境」を保有する地。
で、かつ、
ロ、『**【人類大統合】**という全人類の理想の実現に向けての精神的高揚を促す地理景観的作用』を保有する地。
の両条件を満たす地区域」
に設置されることが必要である。
『6』
（1）

『人類院（人類院本部）』を「日本契約国内」に設置するに際してのイ、『5』における（1）～（3）の三種の適地条件を同時的に満たす地区。

としては、

【山梨県内のいずれかの地区】

が挙げられる。

（2）

すなわち、単に『5』における（1）（2）の二条件を満たす地区としてならば、「東京都内や神奈川・埼玉・千葉等の首都圏内のいずれかの地区」が挙げられるが、

1、「**【人類院本部設置のための適地】**とすべくこれらの地区と『山梨県内の地区』との決定的な違い」は、

イ、『5』における（3）の条件を満たしうる土地であるか否かの違い。

ロ、すなわち、

【富士山という自然景観】

を保有する土地であるか否かの違い。

である。

｛注。もとより「静岡県内の地区」も十分に適地と考えられるが、同県内地区に関しては、「東海沖地震等に対する危惧と宝永山という景観上の異観」を理由として、設置に難があるとみなすものであり、本稿では一応「山梨県内を適地」として考察する。｝

『7』

「**【富士山という自然景観を保有する地】**が『5』における（3）の条件をどのように満たしているか」については、以下の「1」および「2」において述べてみる。

「1」

（1）

【富士山】が、「その高さ・山容のいずれをとっても群を抜いた日本の名山」であり、また、「世界に広く知られた唯一の日本の山」といってもいい名峰であることはいうまでもないことである。

富士山の「名山名峰」たるゆえんは、その高さが国内では二位以下を圧しており、しかも周辺に並び立つもののない完全な独立峰であることと、その山容が「円錐《えんすい》状火山としての典型的な秀麗さ」を見せていることのみならず、日本列島のほぼ中央部に位置し、首都圏から直視しうるほどにも近く、老若男女を問わず容易にその頂をきわめることができる等の、「地理的地形的親しみやすさ」を有しているところにもある。

また、その山容山体の雄大さ気高さとともに、「四季昼夜朝夕の折々や気象状況の転変に応じて四囲八方に見せるその景観美」ゆえに、

【富士山】は、万葉集の昔から、

「神さびて高く貴き……、語り告ぎいい継ぎゆかむ不尽の高嶺は。」


と称えられ、賛嘆・憧憬・畏敬の念の対象として時代を超えて日本人の心をとらえ続けてきた。

じっさい、「富士山を動機とし題材として創られた芸術作品」は、俳句・和歌・随筆・小説・詩謡から絵画・写真・映像・音楽等々に至るまで、一千有余年の古今を超え著名人無名人の作を問わず、それぞれの分野において無数に存在する。

さらに、その山体は、それ自体がご神体として崇められる等、宗教の対象でもあるし地学・気象学等の学術面での貴重な研究対象でもある。さらにまた、『**富士**』の名は、人名・地名・企業名から商品名に至るまで幅広く使われており、その写真や絵は身辺日常の世界にありふれて見られる等、富士山はわれわれ一億二千万の日本人の生活や意識の中に「顕在心理的のみならず潜在心理的な存在感」を持って深く溶け込んでいる。

おそらく「単座の山」でこれほども多くの人々の心を引きつけ、芸術に宗教に学術に、はたまた庶民生活に国民意識にと、

【その知的刺激と知的生産を成さしめてきた山】

は、世界においても他に類例をみないはずである。

（２）

したがって、**【富士山】**が持つこの

【山岳山嶺としてのみならず自然景観としての〝世界一〟といってもいい**知的刺激能力と知的生産能力】**

ゆえに、

「**【富士山を目前に眺望仰視する地】**こそ、

イ、「**汎人類的知性機構**」としての【人類院】。

すなわち、

ロ、『**全人類にとっての英知と良心の府**』『**人類という知的有機体における頭脳**』として存在し活動すべき【人類院】。

すなわちまた、

ハ、「人類社会において汎地球的・汎人類的・汎世界的意義を保有して生起した政治的諸問題・社会的諸問題を汎人類的規模で効率的かつ体系的に解決すること」を目的として『人類院会議』を開催し『人類院声明・人類院特別声明』を発表し『**全人類にとっての英知と良心の最大最高の表現機関**』として機能することにより、「当該の政治的問題・社会的問題」を効率的かつ体系的に解決し、もって、『**人類の意思の創造**』と『**人類の意思的統合**』を成し遂げ実現し、「汎人類的汎世界的な有益性と有用性を保有すると認められる『非政府団体』『知性会議』『知

性資料』」を登録することにより、人類院を『知性情報に関する人類社会における最大にして唯一の**集積中枢・保存中枢・発信中枢**』および『知性主体と知性情報に関する汎人類的汎世界的な**情報網・連絡網・連携網**』として機能させ、もって、『**人類の知性的統合**』を成し遂げ実現する【人類院】。

したがってまた、

二、**【人類大統合】を成し遂げ実現する【人類院】**。

を設置するにふさわしい地理環境を保有する地」

といえる。

「2」

（1）

【富士山】が円錐状火山としてのその山容の美しさ、すなわち「左右に均整のとれた稜線の二次曲線的優美さとこの稜線を統べる頂の崇高さ」において、世界屈指の山であることはいうまでもない。

さらにまた、富士山は、直径三十キロ余にも及ぶほぼ円形の広大な裾野を持ち、しかもその三七七六メートルの頂は基底の一端を海岸線に置いての実質的な海抜高度を有する等、円錐状火山の山体の単一体としては「世界一の巨大さ」を保有している。

（2）

ここで、「『人類院』におけるその存立の終極的目的」は、
「**【人類大統合】**を成し遂げ実現する」
ところにある。

そして「**【統合】**という概念」を図形化する場合、誰しも思い浮かべる最も一般的な図形はピラミッド型、すなわち「底辺とこれを統べる頂点」といった図形であるが、
このピラミッド型をより〝流麗な曲線〟として描けば、

【富士山の姿】

となる。

（3）

また、**【象徴】**とは、一般的には「抽象的な概念や意味をわかりやすく表現したり印象づけたりするための具体的な事物・事象」を指す。

したがって、
イ、その〝世界一〟の山容の端麗さと山体の壮大さ。
ロ、自然景観としての〝世界一〟といってもいい知的刺激能力と知的生産能力。
ゆえに、

1、「**【人類大統合】をめざすべき人類院**」を

イ、富士山を目前に眺望仰視しうる地。

に設置し、

ロ、「**人類院の理念的意味**」と「**富士山の景観的意味**」。

を一体化させるならば、『富士山』を

【人類大統合の象徴】

として意味づける発想もけっして無理な発想とはならないはずである。

（4）

すなわちまた、人類院の創設やその後の運営と活動にたずさわる人々が「富士山を**【人類大統合の象徴】**」として仰ぎ見るとき、『**富士山**』は、これらの人々の胸裏胸中に対して、

1、「**【人類大統合】**という全人類にとっての崇高なるべき理想の実現に向けての熱い想いの高まり」

を促すはずであり、

2、したがってまた、『**富士山を眺望仰視する地**』こそ

【人々に「『**人類大統合という全人類の理想の実現**』に向けての精神的高揚を促す地理景観的

作用」を保有する地】

といえる。

『8』

『1』~『7』における考察と結論より、
「人類院（人類院本部）の設置場所としての最適地」とは、
【『人類大統合の象徴としての富士山』を人類大統合の象徴として最も相応に壮麗に眺望しうる
山梨県内のいずれかの地区】

ということになる。

二、「人類院創設」のために日本国民および日本国のなすべき具体的行動

（注）。

1、「二十一世紀前期の半ば頃」としての『**２０２０年代のほぼ同時期**』において、

イ、「**【日本契約国】の建国**」および「**【人類院】の創設**」が成され、

2、「二十一世紀前期の終わり頃」としての『**２０３０年代の時期**』において、

イ、「人類院による『創設勧告』」に従って、「**【世界連合】の創設**」すなわち「汎世界的国家連合機構としての第二世代の『国際連合』から第三世代の『**世界連合**』への機構改革」が成される。

したがって、

3、**【「人類院」の創設】**は、

イ、「日本契約国・日本契約国民」によるというよりも『日本国・日本国民』の尽力によって成されるものであり、

ロ、「その創設過程において関わる汎世界的国家連合機構」は「世界連合」ではなく『国際連合』である。

『1』

（1）

『**人類院**』は、

1、「【**人類大統合**】を成し遂げ実現すべき汎人類的知性機構」である。

すなわち、

2、その「機構活動」によって、

イ、「**第一機構機能**」としての【**人類の意思的統合**】を成し遂げ実現すること。

すなわち、

「人類社会において汎地球的・汎人類的・汎世界的意義を保有して生起した政治的諸問題・社会的諸問題を汎人類的規模で効率的かつ体系的に解決すること」を目的として『人類院会議』を開催し『人類院声明・人類院特別声明』を発表し『全人類にとっての英知と良心の最大最高の表現機関』として機能することにより、「当該の政治的問題・社会的問題」を効率的かつ体系的に解決し、

もって、『**人類の意思の創造**』と『**人類の意思的統合**』を成し遂げ実現すること。

および、

ロ、「**第二機構機能**」としての【**人類の知性的統合**】を成し遂げ実現すること。

すなわち、

『人類院』において「汎人類的汎世界的な有益性と有用性を保有すると認められる『非政府団体』『知性会議』『知性資料』」を登録することにより、人類院を『知性情報に関する人類社会における最大にして唯一の集積中枢・保存中枢・発信中枢』および『知性主体と知性情報に関する汎人類的汎世界的な情報網・連絡網・連携網』として機能させ、

もって、『**人類の知性的統合**』を成し遂げ実現すること。

の二大機構機能を達成し、

もって、「人類社会の総体における究極理想の政治社会・人間社会の構築」に寄与貢献し「人類の総員における政治的社会的人間的至福の万全なる享受」に寄与貢献することを目的として機能すべき汎人類的知性機構である。

（2）

したがって、

1、『**人類院の創設**』のためには、

イ、「地球人意識」を保有し「人類社会において汎地球的・汎人類的・汎世界的意義を保有して生起する政治的諸問題・社会的諸問題に対する問題意識や解決意図」を保有する人々。

およびまた、

ロ、人類社会において「汎人類的知性情報に関する中枢的管理」や「知性主体と知性情報に関する汎人類的汎世界的な情報網・連絡網・連携網の形成」が行なわれることを希望する人々。

による**『その創設に向けての汎人類的規模での組織的結集』**がなされることが必要であり、
2、また、「この創設の行為行動」を効率的かつ体系的に成し遂げるためには、
イ、この創設運動の思想的理念的中心となり核となって、この創設運動に参加する世界中の人々に対する牽引役推進役を果たすべき**【組織的人間集団】**が必要となる。

『2』

われわれ日本国民は、「**人類院の創設提唱国の国民**」であり「**人類院本部設置国の国民**」である。したがって、**『われわれ日本国民』**こそが、
イ、この組織的人間集団の任務。すなわち、
ロ、「人類院創設のための主導的役割を担うべき人間集団」としての任務。を果たすべきであることは、言うまでもないことである。

『3』

われわれ日本国民が**【理念的実務的主導者】**となって人類院を創設するに際しては、「日本国民および日本国」は、「人類院創設のためのその具体的行為行動を行なうに際しての大前提」として「以下の（1）～（2）の両事実」を認識しておく必要がある。

（1）

1、「人類院の構成単位」は『**地球人意識を保有する個人**』である。したがって「人類院の運営」は、この「個人」すなわち**【民間人】**が行なうべきであり、いかなる国家もこの運営には関与干渉すべきではない。

2、したがってまた、人類院の創設運動も創設もこの「民間人の主導」によって行なわれるべきであり、「『日本国』における人類院創設のために成されるべき国家的行為行動」は、この**【民間人の主導】**に従うべきである。

（2）

一方、

1、「人類院創設のための最も重要かつ具体的な実務的行為行動」としての

イ、**【人類院本部】**を設置する行為行動。

ロ、すなわちまた**【人類院特別市】**を建設する行為行動。

に際しては、

2、「土地の確保・所要各施設各建物の建設・交通通信網その他の関連諸施設や周辺環境の整備」等々に「（初期段階では最少でも数千億円、全期間においては数兆円と想定される）巨額の資金・費用」を必要とし、かつ、「十年前後程度の短期間でのその計画的集中的投下」を必要とする。

3、また、これらの

イ、「人類院特別市建設」「人類院本部設置」のための建設事業的行為行動。

ロ、「その資金・費用の確保と運用」のための財務事業的行為行動。
のそれぞれを正当かつ支障なくなさしめるためには、
ハ、日本国内における**【関連諸法律の法制的整備】**。
を行なうことが大前提にして必要不可欠となる。
4、したがって、「人類院の創設」に際しては、
イ、『日本国』による**【政治的（立法的・行政的）支援と協力】**。
を絶対的に必要とする。

『4』
「1」
われわれ日本国民および日本国が「人類院を創設する」に際しては、
すなわちまた、**【人類院本部】**を
【『人類大統合の象徴としての富士山』を人類大統合の象徴として最も相応に壮麗に眺望しうる
山梨県内のいずれかの地区】
に設置するに際しては、
日本国民および日本国は、「この人類院創設運動の主導者および支援者・協力者」として、そ

れぞれ、
イ、以下の「2」における（1）～（14）に明示する具体的な行為行動。
を実行することが必要である。

「2」

（1）

まず、「人類院の創設に賛同する有志（民間人）」が結集して『人類院創設運動の思想的・行動的中心となるべき組織』としての

【人類院創設準備委員会】

を設立する。

（2）

【人類院創設準備委員会】は、

1、「『人類院を創設し円滑に運営するための基礎的要件』としての
イ、「人類院創設の趣意」としての**【人類院宣言】**の成案。
ロ、「人類院の存立と活動のための理念」としての**【人類院憲章】**の試案。
ハ、「人類院の存立と活動のための規律基準（機関規則）」としての**【人類院規則】**の試案。

ニ、「人類院における組織・機構・人事」に係る概要。
ホ、「人類院の創設と運用」に至るまでの年度的時系列的計画。
ヘ、「**人類院本部**」の設置地区。
ト、「人類院本部」および「人類院本部区域における建物・施設・街区」およびまた「『**人類院特別市**』としての市区域における諸施設・市街地・交通網・周辺環境・周辺景観等」に関する建築設計・都市設計の概要。
チ、「人類院の創設と運営に要する資金・費用」の概算額。および、「この資金・費用に対する財源保障」の方法。

等の要件」

を決定することによって、

（3）

2、**【人類院の全体概念】**を形成する。

【「人類院の全体概念」を形成した人類院創設準備委員会】は、

1、形成したこの『全体概念』に基づき、

イ、「人類院を創設するために関係者が行なうべき具体的行為行動と人類院を創設するために不可欠である具体的要件を定めた計画」としての**【人類院創設計画】**。

および、

ロ、「全人類に対し人類院の意味内容を広告し人類院の創設に賛同する人々を募るための運動計画」としての【**人類院創設運動計画**】。

の両計画を策定する。

｛注。「人類院創設計画」「人類院創設運動計画」については、それぞれ、後述の『5』『6』を参照。｝

（4）

【「人類院の全体概念」を形成し「人類院創設計画」および「人類院創設運動計画」を策定しえた人類院創設準備委員会】は、

1、日本国民および全人類に対し、この「人類院の全体概念および人類院創設計画・人類院創設運動計画」を公開し、

かつ、

2、人類院創設運動計画に基づいての【**人類院創設運動**】を開始し、人類院の創設に対する『賛同者』を募る。

（5）

【(4)における人類院創設運動に応じて「人類院の創設に対する賛同者」となった**日本国民**】は、

イ、人類院創設のための署名活動。

ロ、人類院創設運動資金の募金に対する応募活動。

ハ、人類院創設準備委員会に対する意見提供活動。

等の協力行為により

1、「人類院創設準備委員会における人類院創設運動の推進」を支援する。

（6）

【「人類院の全体概念」を形成し「人類院創設計画」および「人類院創設運動計画」を策定しえた人類院創設準備委員会】は、

1、**【日本国国会】**に対し、この「人類院の全体概念および人類院創設計画・人類院創設運動計画」を提示し、

2、「人類院の創設に対する**【日本国立法府としての支援と協力】**」を要請する。

（7）

【（6）の要請を受けた日本国国会】は、

1、「人類院創設計画」に基づき、「人類院の創設および人類院創設運動の推進と支援に関する日本国としての国家的協力」にかかわる**【国会決議】**を行ない、

2、「人類院創設計画」を**【日本国における国家的支援計画】**として認定し、

3、「『人類院創設支援法』『人類院運営支援法』『人類院特別市法』およびその他の『人類院の創設と運営に必要な国内法』の**【法制的整備】**」を行ない、

4、かつ、【「政府から提出された（11）の4における**国家予算**」**の承認】**を行なう。

（8）

【「人類院の全体概念」を形成し「人類院創設計画」および「人類院創設運動計画」を策定しえた人類院創設準備委員会】は、

1、【**山梨県**（山梨県民・山梨県議会・山梨県知事）】に対し、この

イ、「人類院の全体概念」および「人類院創設計画・人類院創設運動計画」。

とりわけ、

ロ、『**人類院本部の設置**』に関する計画。

すなわち、「人類院本部」および「人類院本部区域における建物・施設・街区」およびまた「『**人類院特別市**』としての市区域における諸施設・市街地・交通網・周辺環境・周辺景観等」に関する建築設計・都市設計の概要。

を提示し、

2、「県内のいずれかの地区すなわち『人類大統合の象徴としての富士山を**人類大統合の象徴として最も相応に壮麗に眺望しうる**県内のいずれかの地区』に【**人類院本部**】を設置するに際しての支援と協力」を要請する。

（9）

【（8）の要請を受けた**山梨県**】においては、「人類院創設計画」に基づき、

1、【**山梨県民**】は、

イ、人類院本部設置のための（現住地域民の立ち退きも含めての）用地提供。

ロ、周辺交通路交通機関の整備。

ハ、周辺景観の形成保全。

等々の【人類院本部設置諸事業】に協力する。

2、**【山梨県議会】**は、

イ、「人類院本部設置のための全県的協力」に関する**【県議会決議】**を行ない、

ロ、「人類院本部設置と人類院の運営に必要な県条例」の**【法制的整備】**を行なう。

3、**【山梨県知事】**は、

イ、「人類院本部設置計画を推進し支援するための県組織」としての**【人類院創設推進本部山梨県支部】**を設置し、これを統轄し、

ロ、「国家組織としての**【人類院創設推進本部】**」との協力のもと、

1、用地取得や交通通信施設の整備。

2、周辺環境・周辺景観の形成や保全。

3、関係住民・関連団体等に対する協力要請や説得。

等々の諸事業を行ない、

ハ、**【人類院本部設置にかかわる山梨県としての地域行政上の支援と協力】**を行なう。

(10)

【「人類院の全体概念」を形成し「人類院創設計画」および「人類院創設運動計画」を策定しえた人類院創設準備委員会】は、

1、**【日本国政府】**に対し、この「人類院の全体概念および人類院創設計画・人類院創設運動計画」を提示し、

2、「人類院の創設に対する**【日本国行政府としての支援と協力】**」を要請する。

（11）

【（10）の要請を受けた**日本国政府】**は、

1、「人類院創設計画」に基づき、「人類院の創設および人類院創設運動の推進と支援に関する**【首相の意思表明および閣議決定】**」を行ない、

2、「人類院創設計画」を**【日本国における国家的支援計画】**として認定し、

3、「人類院創設計画を推進し支援するための特別省庁」としての『**人類院創設庁**』を設置し、かつ、その担当大臣としての『**人類院創設大臣**』を選任し、さらにこの人類院創設庁内に「人類院創設計画を推進し支援するための国家組織」としての**【人類院創設推進本部】**を設置し、

4、「人類院創設準備委員会」に対し、

イ、人類院創設運動の推進に必要な『**応分の資金**』。

および、

ロ、「人類院創設（人類院本部の設置と人類院特別市の建設）に伴う用地の取得、建物・施設の建設、交通通信網および街区・環境・景観の整備」等に必要な『**応分の資金**』。の提供（**国家予算の計上**）を行なう。

5、また、国際社会および人類社会に対して人類院創設構想と人類院創設運動を認知させその実現に向けて「各国および各国国民からの協力」を得るための**【広範な外交活動・広報活動】**を行なう。

（12）

とりわけ、**【首相】**は、

「(10)の要請」に基づき、

イ、「人類院創設計画の具体的内容」が確定した時点。

すなわち、

ロ、「『人類院創設準備委員会』による人類院創設推進本部および人類院創設推進本部山梨県支部に対する統轄体制」が確立され、かつ、この三者の協議により「人類院の存在と活動の現実性および有益性有用性を全国家および全人類に対して十分に説得しうるに足る計画内容」が確立された時点。

で、

1、**【国際連合総会】**において、世界各国および全人類に対し、**【人類院の創設】**を提唱し、各国にその賛意を求め、

2、「各国の賛意」を得ることによって、将来的に確立されるべき

イ、「人類院の存在と活動」に対する国際社会および人類社会における**【認知】**。

および、

ロ、「人類院」における「国際社会および人類社会に対して示されるべき汎人類的知性機構としての**【権威】**」。

の事前保障を成立させる。

さらにまた、

3、「各種国際会議および各国首脳や各界各分野の要人等との会談」等において、各国および各国首脳や各界各分野の要人等に対し『人類院創設の実現に向けての賛意賛同』を求め、「その**支援と協力**」を要請する。

（13）

【人類院創設準備委員会】は、

「人類院の創設に向けての実務的準備行為としての

イ、人類院の全体概念の形成。

ロ、人類院創設計画の策定。

ハ、人類院創設運動の推進。

の諸行為」を遂行するための**【最高統轄機関】**として、

1、「人類院創設推進本部および人類院創設推進本部山梨県支部の両機関における全活動」を統轄する。

また、

2、「人類院の創設に賛同した各国国民によってそれぞれの各国において設立された『人類院創設準備委員会各国支部』における全活動」を統轄する。

（14）

【「人類院創設準備委員会・人類院創設準備委員会各国支部」および「人類院創設推進本部・人類院創設推進本部山梨県支部」等の**人類院創設にかかわる各機関】**は、

1、「人類院の設立が決定し『**最初の（第一回）人類院総会**』において【**人類院の設立**】が宣言
　　され人類院（人類院の各機構・各機関）がその活動を開始した時点」
　　をもって、解散する。

　　　『5』
　　　「1」
【**人類院創設計画**】は、
イ、「計画の体系性・総合性を成立させるために不可欠である要素」としての以下の「2」～「4」
　　の諸要素。
　　を考慮して策定されることが必要である。

　　　「2」
　　（1）
「**人類院創設計画の概要および詳細**」に関しては、
1、『その概要』は、「人類院創設準備委員会」において策定し、
2、『その詳細』は、「人類院創設準備委員会および人類院創設推進本部・人類院創設推進本部山
　　梨県支部の三機関の協議」によって策定すること。

「3」

（1）

「『第二節・『人類院の機構と機能』に関する詳細な説明』の『第一項・汎人類的知性機構（人類院）の創設』の『九、人類院の実際的具体的な有用性』における『7』の「6」」において述べるように、

（2）

「人類院の創設にかかわる**【必要財源（創設財源）】**」に関しては、

1、「日本国および賛同各国の拠出金」に拠るものとし、

2、また、「日本国および各国における個人・企業・民間団体」等に対して寄付金を募り、その「応募金や運用益金」も財源とすること。

（3）

【日本国】は、「人類院の創設提唱国および本部設置国としてのその国家的責任行為」として、

1、「当該の必要財源（創設財源）」に対してはその『確実なる拠出』を行ない、かつ、その不足分に対しても「応分の拠出」を行ない、もって「創設計画の推進に支障をきたさないように努める」ものとする。

2、また、もとより、「人類院創設以後のその**【運用財源（人類院予算**＝年間想定額としては一千億円程度）（注。現国連本部の年間運営予算としての千数百億円を参考）**】**」に関しても、同様にその「拠出金（年間想定額としては数百億円程度）」に対してはその『確実なる拠出』を

行なうものとする。

〔注。

「日本国が拠出すべき必要財源（**創設財源・運用財源**）」に関しては、

イ、人類院における「その創設と運用の汎人類的汎世界的意義」。

および、

ロ、日本国および日本国民における「人類および人類社会に対する知的・創造的・理想主義的貢献の意義」。

を考慮するならば、

1、「特別目的税としての**【人類院税】**（たとえば消費税中より一定%もしくは一定額を充当する）」を設定したとしても、「国民における納得と賛同」は十分に得られるはずである。〕

（4）

イ、「創設財源・運用財源に関するその『拠出国』および『寄付行為者・応募行為者である個人・企業・民間団体等』」がその「拠出・寄付・応募」を行なうに際しての〝**不可欠なる前提条件**〟。

としては、

1、「人類院の活動における**【全人類的公正と中立】**」を守り、さらには「その保障」を確立するために、

2、『いずれの拠出国および寄付行為者・応募行為者である個人・企業・民間団体』等を問わず、

イ、「人類院創設に際しての『人類院創設準備委員会・人類院創設準備委員会各国支部および

人類院創設推進本部・人類院創設推進本部山梨県支部の各機関におけるその理念的活動』」に対しては、

『普遍的建設的意義を有する提言』を行なう以外は「**いかなる関与干渉**（とりわけ自己利益的な関与干渉）」も行なわない。

ロ、『**人類院の全活動**』、とりわけ「人類院人事」および「『人類院会議』における人選および議事と議決」およびまた「『人類院声明・人類院特別声明』の作成と普及」に対しては、

『普遍的建設的意義を有する提言』を行なう以外は「**いかなる関与干渉**（とりわけ自己利益的な関与干渉）」も行なわない。

ものとする。

「4」

（1）

「一、富士山を『人類大統合の象徴』に」の『8』において既述したように、

1、【**人類院**（人類院本部）の**設置場所**】に関しては、

【**『人類大統合の象徴としての富士山』**を**人類大統合の象徴として最も相応に壮麗に眺望しうる**山梨県内のいずれかの地区。】

とすること。

（2）

「一、富士山を『人類大統合の象徴』に」の『5』において既述したように、

1、**【人類院本部】**は、「人類院における全活動を統轄する中枢施設」として、『**基幹施設棟**』としての

イ、「人類院会議場としての大会議場・中会議場・小会議場」「人類院総会議場」および「人類院式典会場」からなる**【人類院議事堂】**。

ロ、『人類院議事堂の付帯施設棟』として「人類院会議局（人類院会議運営部・人類院会議情報部）の各執務室」からなる**【人類院会議局棟】**。

ハ、「人類院知性情報局（知性情報登録管理部・知性主体活動支援部）の各執務室」からなる**【人類院知性情報局棟】**。

ニ、「人類院事務局（人類院総務部・人類院広報部・人類院財務部・人類院人事部）の各執務室」からなる**【人類院事務局棟】**。

ホ、「『**人類院大学院**』における各研究室・幹部職員養成室・人類院賞選考室」からなる**【人類院大学院棟】**。

の「五種の施設棟群」によって構成され形成されること。

2、また、**【人類院本部区域】**は、その「必要施設」としての

イ、「各職員・各関係者の住宅や人類院会議出席者の宿舎」、および「公園・緑地・交通路・交通機関その他の周辺関連施設」、等々の諸施設。

および、

ロ、「職員（人類院職員＝おおむね千〜三千人程度を想定）・関係者やその家族数千人の日常生活を支障なく営みうる街区」を付帯させた**『人口数万人規模の小都市構造』**を有する諸施設・市街地。

によって構成され形成されること。

（3）

「人類院本部区域およびその周辺の交通施設等の『人類院本部の設置のために必要な**全用地**』の取得」に関しては、

1、**【日本国**（人類院創設推進本部）**の専権行為】**として『日本国』がこれを行ない、「民間企業における当該土地の売買行為および売買斡旋行為」は禁じること。

2、また、「人類院本部区域の全用地」は、**『国有地』**とし人類院に対して**【永代無償貸与】**されること。

（4）

「人類院本部区域における建物・施設および環境・景観」に関しては、

1、「その設定の全空間が、

イ、『全人類にとっての英知と良心の府』『人類という知的有機体における頭脳』として存在し機能し**【人類の意思的統合と知性的統合】**が成し遂げられ、もって**【人類大統合】**が成し遂げられるべき「**場**」。

すなわち、

ロ、『政治・経済・学術・芸術・宗教・哲学、およびまた人権・医療・教育・労働・環境・生活等にかかわる実学実務』等々の多様な知的分野において『人類の英知と良心を代表する賢人知者を集めての議論と議決』が行なわれ**【人類の意思の創造】**がなされる「**場**」。

および、

「人類社会において相互に連携し合い連動し合いながらそれぞれに思考し記憶し主張し活動するその数十億の人間細胞からなる『人類という知的有機体』における**【頭脳】**」として存在し機能し**【汎人類的知性情報の中枢的管理】**および**【知性主体と知性情報に関する汎人類的汎世界的な情報網・連絡網・連携網**としての拠点的活動**】**が行なわれる「**場**」。としてふさわしい**【総合知的空間】**」

として設計され形成されること。

2、すなわちまた、

【『人類社会における人類院の存在と活動およびその意味と意義』を象徴し表徴しうる十分な

イ、**哲学的理念性**

ロ、**芸術的審美性**

を両立的に意図し表現した空間】

として設計され形成されること。

また、「その設計」に関しては、

3、人類院における「汎人類的知性機構としての性格」から、**【国際公募による競作方式】**による
ること。

（5）

「人類院本部区域に居住する住民（人類院職員・関係者およびその家族等）におけるその身分の扱い」に関しては、

1、その「国籍の多様性」を理由として、「法制・税制・医療・教育・住生活その他の日常生活等々にかかわる身分保障や社会保障のあり方」において「一般日本国民や一般山梨県民とは異なる措置・対応をとる必要がある場合」があり、

2、したがって、**【人類院本部区域】**は、「行政単位」としては、

「その相応の法律」すなわち**【人類院特別市法】**に基づき、

イ、**【人類院特別市】**。

として**【日本契約国】**（もしくは日本国）の**直接管理区域】**とし、「山梨県行政から分離独立した独自の自治行政」を実施すること。

（6）

（注1）。

1、「人類院特別市」の国際都市名は（英語表記の場合）【JINRUIIN・CITY】とする。

（注2）。

【人類院特別市】においては、

イ、『市民（日本契約国民（もしくは日本国民）および人類院職員としての市内在住外国人）』における「その国籍の多様性と外国人数における多数性（対日本人比率の高さ＝市民の半数以上が外国人となることも十分想定しうる）」および「人類院職員としての市内在住外国人における長期定住性」。

および、

ロ、『市政』におけるその国際性。

を特例理由として、

1、「人類院職員としての市内在住外国人」に対しても

イ、「所定与件」を前提としての【日本契約国法（もしくは日本国法）としての『人類院特別市法』の範囲内での**市政自治権**（**市政参政権**）】。

を認め、

2、当該外国人に対して、

イ、『**人類院特別市議会議員選挙**』における選挙権・被選挙権。

および、

ロ、『**人類院特別市長選挙**』における選挙権（市政運営経験的にその必要性もしくは妥当性が認められた場合は被選挙権も可）。

が認められるものとする。

（注3）。

ただし、もとより【**人類院特別市**】は、あくまで、

イ、「日本契約国（もしくは日本国）の領土内」すなわち『日本契約国（もしくは日本国）の統治体制・日本契約国法（もしくは日本国法）の適用体制内』における【**日本契約国**（もしくは**日本国**）による**直接管理都市**】。

であって、『治外法権都市』となるわけではない。

『6』

「1」

【人類院創設運動計画】は、

「人類院創設運動を円滑に推進させるために不可欠である要素としての以下の「2」における（1）～（4）の諸要素」

を考慮して策定されることが必要である。

「2」

（1）

「人類院創設運動計画」は、

1、「人類院創設準備委員会」において策定されること。

（2）

「人類院創設運動の運動組織」は、

1、「人類院の創設に賛同する有志（民間人）」によって構成され、かつ、「人類院創設準備委員会の直属組織」として**【同委員会の指示命令】**に従って行動すること。

（3）

「人類院創設運動の運動理念・運動方針」は、

1、「**人類院宣言**」および「『**人類院**』**の定義**」に基づいて形成されること。

（4）

「人類院創設運動における運動資金の主要財源」に関しては、
1、『5』の「3」において述べたとおりとすること。

『7』

（1）

「人類院の創設」がなされるに際して、
1、「施設の建設や機構の整備と同じほどにも重要な事案」が、
イ、**【初代人類院総長】**の人選。
である。
2、すなわち、「人類院の基幹的基盤的な運営理念や活動の性格」は、『初代人類院総長の人間的理念や人格的性格』によって形成され決定され、「以後の歴代人類院総長」に継承されていく十分な可能性があるからである。

（2）

ここで、「人類院」は、
1、「**国際的政治機構**」としては「世界連合（もしくは国際連合）」と『**同等の格**』を保有するが、
2、**【国際的知性機構】**としては、
イ、全人類にとっての「英知と良心の府」。
ロ、人類という知的有機体における「頭脳」。

ハ、「人類の意思的統合と知性的統合」を成し遂げ実現し、もって『人類大統合』を成し遂げ
実現するべき汎人類的知性機構。

として、「世界連合（もしくは国際連合）」より【**上位の格**】を保有する。

3、すなわち、『**人類院**』は、

【**『人類社会における知性機構としての最高最大の実態と権威』**を保有する知性機構】

として存在し機能する。

（3）

したがって、【**人類院総長**】は、

1、その汎人類的認識として、

イ、『世界連合（もしくは国際連合）事務総長』に対しても【**組織知性人としての上位の格**】

を具有する地位象徴的存在。

となり、

ロ、「人類社会における全知性」を代表する『**最高の地位象徴的存在**』。

となる。

（4）

このため、【初代人類院総長に望まれるべき**資質的要件**】に関しては、

1、「**『汎人類的知性機構の統轄責任者**として具備すべきことが不可欠である資質的要件』としての

イ、「『世界連合（国際連合）』等の国際機構・国際機関もしくはその他の枢要な組織・団体等における機構運営責任者としての十分なる実務経験」を保有すること。

ロ、「広範な知性分野にわたる汎人類的汎世界的人脈」を保有すること。

ハ、「人格的高潔性」を保有すること。

等の各要件を同時的に満たす知性人であること」

はいうまでもないが、

（5）

さらに、

イ、「人類院創設運動および人類院創設準備行為の主導的また支援的中核」は日本国民および日本国であることから、

「人類院創設時および人類院運営の初期段階」においてもなお、諸事において『人類院総長とこれらの創設運動や準備行為に携わった日本国民および日本国との間における**頻繁綿密にして十分な連絡や協議**』がなされる必要があること。

ロ、『人類院特別市』は「日本国の直接管理都市」であることから、

「その行政的運営体制とりわけ運営原則や運営慣行が定着するまでの期間、およびまた都市計画の基盤的部分が完結するまでの期間」においては、諸事において「人類院総長と日本国との間における**頻繁綿密にして十分な連絡や協議**」がなされる必要があること。

等の現実的理由から、

1、**【初代人類院総長】**においては、

イ、日本国内に居住し日本国民および日本国と自在に意思疎通ができること、すなわち日本語が自在であること、したがって**『日本人』**であること。

が望まれる。

（6）

すなわち、**【初代人類院総長】**は、（必ずしも絶対的要件とはしないが）、

1、**【**「（4）の1におけるイ〜ハの資質的要件」を満たす**日本人】**であること。

三、「偉大なる国家・偉大なる国民」となるために

『1』

（1）

二十一世紀初頭期の人類社会においては、地球的規模での交通通信手段のいっそうの発達、とりわけ

イ、「パソコン・携帯電話やインターネット・Eメールといった情報機器類・情報交換網の汎世

界的汎人類的かつ爆発的な普及」による『**全地球的な情報網・知性網**』の形成。

をその最大の要因として、
ロ、汎人類的規模での「地球人意識・地球市民意識の形成」、および、各国国民における国家国民の枠を超えての「政治的・思想的・社会的な意識および価値観の共通化共有化」。
がいちだんと進み、この結果、二十一世紀の時代を経るほどに、
ハ、「汎地球的・汎人類的・汎世界的意義を保有して生起する政治的諸問題や社会的諸問題」を解決するに際しての**【全地球的・全人類的・全世界的一体感】**。
もまた、「現時点以上に広範かつ強固なものとなること」は確実である。

（2）

すなわちまた、「新世紀・新時代としての夢と希望にあふれるべき二十一世紀初頭期から前期の半ば頃にかけての人類社会」においては、
1、「**【人類の意思的統合と知性的統合】**およびまた**【人類大統合】**という理念・思想・概念の誕生」
も、「人類の政治意識・社会意識の進化の必然の現象」として違和感なく行なわれ、
2、したがって、もしわれわれ日本国民がいま人類社会・国際社会に対して**【人類院創設の提唱】**を行なわなかったとしても、おそらくは近未来時点において、
イ、いずれかの国の国民が『同様趣旨に基づいての同様趣旨の汎人類的知性機構の創設』を提唱し、その創設に成功する。

であろうことは、十分に予測しえるところである。

『2』

（1）

1、「すべての生産行為の中で最も偉大な行為」、それは**【独創行為】**である。

2、すなわち、「人の社会的行為の中で最も偉大な行為」とは、**【他人の未だ行なわないことを他人に先駆けて行なう行為】**である。

3、また、世界史上・人類史上における、あるいは国際社会・人類社会における**【偉大なる国家・偉大なる国民】**とは、

「**【汎人類的・汎世界的規範となるべき価値行為や歴史創造行為】**を世界に先駆けて成し遂げ、世界に広め、もって人類の至福の実現に向けて世界を人類を牽引し推進しえた国家・国民」である。

4、さらにまた、**【人類院創設の構想】**は、

「その理念的意義および機能的意義において『国際連合の創設（将来意味的には「世界連合」

の創設)』に匹敵するもしくはそれをも超える**【歴史創造性と歴史革命性のある構想】**」

であり、

5、「人類院創設を志向しての諸活動」は、おそらくは、

「現在時点において人類が案出し構築しうる政治性・社会性のある知的創造活動としては『**最高度かつ最大規模の体系性を持った知的創造活動**』の一であること」

は間違いないことである。

(2)

このゆえにこそ、今まさに

「『汎人類的・汎世界的規範となるべき価値行為や歴史創造行為としての最高度かつ最大規模の体系性を持った行為』である

【人類院の創設と人類大統合を成し遂げ実現するという歴史革命的行為】

におけるその実現のための理念と方法論」

を創案創出しえたわれわれ日本国民および日本国が、「この汎人類的・汎世界的な構想と理念の実現」に向けて世界に先駆先導して尽力することは、

1、「**われわれ日本国民自身および日本国自身**」を、

「世界史上・人類史上におけるあるいは国際社会・人類社会における**【偉大なる国家・偉大なる国民】**」

となならしめることになるものである。

『3』

（1）

世界は人類は今、

イ、『大国』となった日本。いま『現に大国』である日本。

が世界と人類に向けて**【哲学的理念】**を発し、すなわち、

ロ、世界と人類の未来に希望と光明をもたらしうる理想志向性と建設性を持った「独創的な発想・思想・構想」。

を提唱し、その具現をめざしての思想的行為行動を起こすことを待ち望んでいる。

（2）

この「**世界と人類からの期待**」に応えるべく、いま「われわれ日本国民および日本国」が世界と人類に向けて発信しうる

イ、かつていかなる国家国民も提示しえなかった高度な独創性・理想性と体系性・建設性を持った理念・思想主張。

としては、この

【『人類院』創設の構想】

に勝る規模・内容を持った『具体案』はないはずである。

（3）

このゆえに、時まさに経済大国になるという「事を成すに絶好の機会と**【国家能力的実行可能性】**」を得たわれわれ日本国民は、

いまこそ世界と人類からの求めの声に応じ、また「われらが祖国日本国およびわれわれ日本国民自身」を

【国際社会・人類社会における偉大なる国家・偉大なる国民】

とならしめるためにも、

国家国民あげて、

「**【人類院】**を創設し**【人類の意思的統合と知性的統合】**を成し遂げ実現し、もって**【人類大統合】**を成し遂げ実現する」

ということの**【人類大理想】**の実現に向けて勇躍邁進すべきである。

『4』

（1）

『国家国民をも総動員的に動かさねばならない新しい政治構想や国家目標』を実現させるためには、なによりも、

1、その主張するところに

イ、国民心理を引きつけ鼓舞しその知的向上心を満足させるにたる高い「**理想主義**」。を内在させていることが必要であり、

2、「その理想主張の崇高さ」をもって『国民の実現衝動をかき立てること』が必要である。

（2）

「本論稿」においては、

1、『**人類院を創設**』すべく、

イ、その考察と行動のために必要な全要件。

すなわち、

ロ、「人類院創設の必要性と理念」に始まり「人類院の具体的機構・機能・運営方法」および「その実際的具体的な有益性有用性」およびまた「その創設に向けて日本国と日本国民が取り組まねばならない現実的諸行動」に至るまでの全要件。が体系的統合的に明示されており、

したがって、その「論旨」には、

2、この『**構想**』こそ

イ、「国家国民がこぞって瞳を上げて見つめ目指すことができる崇高な理想性」を持った具体的国家目標。

ロ、われら日本人の挑み成し遂げるべき『**人類相手の大仕事**』。

と納得させるにたる「存分な主張力と説得力」があるはずである。

（3）

また、**【人類院創設構想】**は、

1、「各国の国家意思や外交的利害関係等とは直接的には無関係に『人類の一員としてのまた地球人としての自覚を保有する各国国民の自由な参加と支持』のみによってその創設運動を遂行できる構想」

である。

（4）

したがって、この『**構想**』は、

1、「日本国民がこぞって参加し、日本国が国際社会・人類社会に貢献するための国家的計画として取り組み、その国力とりわけ経済力をもってその支援と協力を行なうならば『**十分に実現可能な案**』」

であり、

2、「われわれ日本人」が今まさに世界から

「経済と工業技術以外にいかなる【**知的主張**】があるのか」

と問われ満足に答えられないがゆえに萎縮的に考えざるをえない「国家的国民的存在意味と民族的自尊心」を

『起死回生的に甦《よみがえ》らせるのに絶大な効用の望める具体案』

であるにほかならない。

『5』

（1）

｛注。「本節（第一節）」の「第一項・大国としての『人類院』創設の責務」の「二、「大国」としての『人類院』創設の責務」における『3』において既述したことでもあるが、｝

言うまでもなく、【**人類院**】は、日本国民と日本国のための知性機構ではなく、

【人類万民の福利と利便のために活用されるべき汎人類的知性機構】

である。

（2）

したがって、いかにその「創設の提唱国」であり「本部設置国」であるとはいえ、

1、その〝創設に際しての動機〟において

イ、（本項の標題にあるように）「偉大なる国家・偉大なる国民」となるために。
　とか
ロ、国家的国民的存在意味と民族的自尊心を起死回生的に甦らせる。
　等々、「日本国や日本国民における心情的都合としてのその〝私的〟要素要因」が強調され
過ぎることは、『人類院本来の機能と性格』を考えた場合、けっして望ましいことではなく、
〔「人類院・人類の意思的統合・人類の知性的統合・人類大統合・人類云々」と『その言葉の
汎地球的汎人類的大きさ』を語るべく「発想器量があまりに偏狭にして矮小」と言うべきであ
る。〕
2、また、「外国人の賛同者における心理的反発」の結果を招き「創設運動の障害となる恐れ」
も十分考えられる。

（3）

しかし、一方で、
〔「本項（第三項）」の『二、「人類院創設」のために日本国民および日本国のなすべき具体的
行動』において説明したように、〕
1、『想定される実際的事実』として、**【人類院創設に向けて投入される資金的人的エネルギー】**
の七割八割は物理必然的・心理必然的にも『**創設提唱国・本部設置国**の国民である日本国民』
のものであろうし、
2、**【この構想（人類院創設の構想）】**は、おそらく、

イ、『創設運動の中核となるべき日本国民』が「この七割八割の負担を覚悟した上での総国民的な英知と情熱と資力」を傾注して取り組み、

ロ、かつまた「その本気で取り組み努力している事実とこの事実に拠っての実現確実性の保障」を国際社会に明示し主張し説得し、

ハ、もって「各国国民の共感」を得ないことには実現することが不可能な構想である。

と考えられる。

3、したがって、「その実現を志向する国民的エネルギーの総量と密度を最大限に高めさらにはその実現衝動を国際社会へ波及させる」ためには、

4、その『**初動行為**』として、

イ、「純粋に【「全人類にとっての『英知と良心の府』」および「人類という知的有機体における『頭脳』」として存在し機能する汎人類的知性機構】を創設し『人類の意思的統合と知性的統合』を成し遂げ、もって【人類大統合】を成し遂げ実現する」

という本来的理想主義的動機。

による以外にも、

ロ、「日本国民における国民感情としての大国意識や国家的国民的功名心」を〝燃焼源・エネルギー源〟として国民に決起参集を促す。

こども

5、「『必要悪的必要行為』、すなわち、あまり表には出すべきではないがそれでも必要にして有効活用すべき『理想を実現するための裏のワザ』」として認められるべきものであると思われる。

（4）

もとより、『人類院の創設』が実現した後は、

1、「その実際的創設によって、もはや日本国民および日本国の主導の手を離れいまは**【名実ともに人類の総員のもの】**となったその『人類院』」においては、本来の**【汎人類的理想主義**に基づいて機能すべきその汎人類的知性機構としての機能**】**を発揮させるべきなのであり、

2、日本契約国民（もしくは日本国民）および日本契約国（もしくは日本国）は、当然、その『運営』に際してはいっさいの「国民私的・国家私的な動機による関与干渉」は行なうべきではなく、

3、「人類院創設のために費やした国民的国家的労苦の対価」としては、国民と国家の品位品格を賭して

【人類院創設運動の主導国民・主導国家としての栄誉と誇り】

以上のものを求めるべきではない。

4、また、「人類院」も、「みずからにおけるその運営に対する日本契約国民（もしくは日本国民）および日本契約国（もしくは日本国）からのいかなる『国民私的・国家私的な動機による関与

干渉』」に対しても、

【もはや人類院は人類総員のもの】として、これを拒絶すべきである。

『6』

（1）

おそらくは、

【人類普遍の理想主義を保有するこの構想の実現】に対しては、一般国民のみなさん方はもとより知識人のみなさん方も与野党いずれの政治家のみなさん方も「反対しなければならない強いての理由、とりわけ『理念的理由』」はなにもないはずである。

｛構想壮大なるがゆえに『実現の困難性』を指摘する人士はいるであろうが。｝

（2）

すなわちまた、この構想の実現に向けての【国民の総意の結集】に大きな困難はないはずであり、「われわれ日本国民および日本国」が「時機・時代」を得てのいまこそ、

「この

イ、【全人類にとっての英知と良心の府】として存在し機能し【人類の意思的統合】を成し遂げ

実現する汎人類的知性機構。

ロ、**【人類という知的有機体における頭脳】**として存在し機能し**【人類の知性的統合】**を成し遂げ実現する汎人類的知性機構。

ハ、**【人類の意思的統合と知性的統合】**を成し遂げ実現し**【人類大統合】**を成し遂げ実現する汎人類的知性機構。

ニ、「人類社会の総体における**究極理想の政治社会・人間社会の構築**」に寄与貢献し「人類の総員における**政治的社会的人間的至福の万全なる享受**」に寄与貢献する汎人類的知性機構を創設するという**【人類にとっての知的究極の夢】**」

の実現に向けて決然として立ち上がるならば、

（3）

「われわれ日本国民および人類」は、

……**人類院の創設成る**……

『（早ければ十年後にも訪れるかも知れない）二十一世紀初頭期から前期の半ば頃にかけての人類社会を飾るべきこの政治的社会的一大慶事』の達成以後の日々においては、必ずや

……「人類大統合の象徴としての富士山を人類大統合の象徴として最も相応に壮麗に眺望しうるその時空悠遠の大地」に

【人類院議事堂】が

【人類院知性情報局棟】が

『全人類にとっての英知と良心の府』

『人類という知的有機体における頭脳』

にふさわしい偉容とともに雄々しくも気高くそびえ立つ……。

そんな

『夢に満ち希望にあふれる景観』

を目のあたりにすることができるはずである。

……われらが地球上に「汎地球的汎人類的汎世界的意義を有する諸問題」の生起するごとに世界各地から『人類の英知と良心を代表する賢人知者』が続々と【人類院議事堂】に集結し、堂宇に満つ白熱の議論討論が展開され、

『発表される人類院声明・人類院特別声明』が【人類の意思】として事案事態の解決に向けて迅速的確に全人類を導いてゆく……。

……【人類院知性情報局】において「汎人類的知性情報の中枢的管理」および「知性主体と知性情報に関する汎人類的汎世界的な情報網・連絡網・連携網としての拠点的活動」が行なわれ、【人類という知的有機体における頭脳】としての機能と作用が確立され、
全人類にとっての知性主体と知性情報に関する最大限の活用利便が図られる……。

そんな
「『**人類の意思的統合と知性的統合**』の営みの素晴らしさ」
そしてまた
「『**人類大統合の夢**』の実現した人類社会の素晴らしさ」
を実感することができるはずである。

『7』

【青年よ歴史を創れ】

歴史上、革命であれ新国家の建国であれ新機構の創建であれ、民衆が「思想や主義主張の大願大業」を成し遂げるに際しては、その新世界創造の源動力となり運動エネルギーの中核をなしたのは、つねに、
【人類普遍の理想を信じ求めてやまない無慮無数の若者のほとばしる意気とたぎり立つ情熱】

にほかならなかった。

ほどなく展開される**『人類院創設運動』**においては、とりわけ、**【青年諸君の熱烈なる参加参集】**を望んでやまない。

第二節・『人類院の機構と機能』に関する詳細な説明

第一項・「汎人類的知性機構（人類院）」の創設

一、『人類院創設』の必要性と論理

『1』

二十一世紀の人類社会においては、「交通通信手段のいっそうの発達と各社会における政治・経済・産業・文化・学術等にかかわる人間活動・社会活動のいっそうの隆盛」により、個人や集団の間、国家や国家地域の相互の間における『人・物・金・技術・情報等の文明要素・文化要素の交流』がいちだんと活発化する。

この結果、

「一国内の政治的問題・社会的問題が同時に国際的に重要な政治的問題・社会的問題となり、また逆に、国際的な政治的問題・社会的問題が同時に一国内の重要な政治的問題・社会的問題と

なる事態」

が多発し、さらには、

「各国国民や各国およびまた全人類の協調と協力によって全地球的・全人類的・全世界的規模で解決しなければならない政治的問題・社会的問題」

も多発する。

たとえば、
イ、「貧困・飢餓・人権・医療・教育・労働・環境」等にかかわる諸問題。
ロ、「資源・エネルギー・貿易」等にかかわる諸問題。
ハ、「地域紛争・内戦・戦争」等にかかわる諸問題。
ニ、「地域間・国家間における人種・民族・宗教等をめぐる対立や経済・文化等をめぐる確執」
等にかかわる諸問題。
ホ、「政治体制・社会体制・経済体制等にかかわる諸問題や政治思想・社会思想・経済思想」
等にかかわる諸問題。

等々の政治的諸問題・社会的諸問題に関しても、

「これらの諸問題の解決」のためには、

「当事国民や当事国による解決努力のみならず、各国国民や各国およびまた全人類の協調と協力による全地球的・全人類的・全世界的規模での解決努力がなされること」

の必要性がいちだんと増す。

『2』

（1）

このような事態の想定される二十一世紀の人類社会において、「国境の枠や政治体制・社会体制の差異を超えて生起するこれらの多様な政治的問題・社会的問題」を効率的かつ体系的に解決するためには、

すなわち、「汎地球的・汎人類的・汎世界的意義を保有して生起するこれらの政治的諸問題・社会的諸問題」を**『各国国民や各国およびまた全人類の持続的かつ緊密な協調と協力』**によってすみやかに解決し、人類にとっての理想の政治社会・人間社会である

イ、全人類のそれぞれにおいて「その人間性の最高度の確立」のなされた政治社会・人間社会。

すなわち、

ロ、全人類のそれぞれが「自身の至福のために最適であると考える人間としての様態の十全なる確立」を得ることができ、その生存と生活において「十分なる満足」の得られる政治社会・人間社会。

を築くためには、

人類は、その「手段・方法」の一として、

1、「人類社会を構成しかつこれらの多様な政治的問題・社会的問題を生起させる原因の一でもある各個人におけるこれらの政治的諸問題・社会的諸問題にかかわるその意識や思想・行動」

を『**個人単位の方法**』によって有効に表現表出させ制御する必要がある。

（２）

すなわち、

1、「人類の各員」がそれぞれに、

イ、「その政治的自我意識・社会的自我意識」において国家や国民の意識枠を超えた【**地球人**】という新たな意識枠。

を形成し、

2、この【**地球人としての個人**】において形成される「これらの政治的諸問題・社会的諸問題に対する『地球人意識』に基づいての問題意識や解決意図」を

イ、これらの政治的諸問題・社会的諸問題の解決のために有効に作用すべき『**政治的作用力・社会的作用力**』。

に変える必要がある。

（３）

ただし、【**地球人意識**】とは、

【「政治的自我意識・社会的自我意識」の一で、

1、人において、『地球社会・人類社会を構成する人間として存在している自身に対する自覚』に基づいて形成された政治的自我意識・社会的自我意識。】

をいう。

『3』

（1）

この場合において、

「これらの政治的諸問題・社会的諸問題を解決すべくその問題意識や解決意図を保有する人々の各個人個人が人類社会に対して及ぼしうるその政治的作用力・社会的作用力」は、それぞれに「（とりわけ国家の作用力と比較した場合には）きわめて微弱」であるが、

（2）

【この微弱な政治的作用力・社会的作用力】も、

1、これを「汎人類的規模」で組織的に結集し、

2、「組織的に結集されたこの政治的作用力・社会的作用力の全体」に対して、したがってまたこの**【組織】**に対して、この組織を構成する人々および全人類が、この組織における

イ、組織としての**【権威】**。

すなわちまた、

ロ、「『**組織としての存在**』の正当性」および「『**組織として行なうその思想主張の行為**』の正当性」。

を自発的に承認し受容し、

3、かつ、『この組織』が行なう「組織としての思想主張」に対して

「**自発的な賛否の思慮**（自発的に賛成したり反対したりする反応および対応を行なうこと）と**問題解決に向けての相応の意思形成**」

を行なうならば、

4、『この組織』は、「この組織を構成する人々および全人類におけるその政治的意識・社会的意識や政治的思想・社会的思想の形成に対して十分に有効に作用すること」が可能となり、

5、人類は、

「人類社会において汎地球的・汎人類的・汎世界的意義を保有して生起する政治的諸問題・社会的諸問題を『**汎人類的規模で効率的かつ体系的に解決すること**』」

が可能となる。

『4』

「1」

すなわち、「人類社会」においては、

（1）

1、「地球人意識を保有する人々」における

「人類社会において汎地球的・汎人類的・汎世界的意義を保有して生起する政治的諸問題・社会的諸問題に対する『問題意識や解決意図』」

をその創設の動機として、

2、「『地球人意識』を保有し、かつ、『人類社会において汎地球的・汎人類的・汎世界的意義を保有して生起する政治的諸問題・社会的諸問題に対する問題意識や解決意図』を保有する人々」が「構成員」となって、

3、これらの人々を汎人類的規模で組織的に結集した

【汎人類的知性機構】

を創設し、

（2）

4、創設されたこの【汎人類的知性機構】において、

5、人類社会において「汎地球的・汎人類的・汎世界的意義を保有する政治的問題・社会的問題」が生起するごとに、その構成員および全人類のなかから、

「当該の政治的問題・社会的問題を解決するために最適任である**【汎人類的英知と汎人類的良心を保有する知性人】**」

の必要数を選出し、

6、「選出されたこれらの知性人」がこの『**汎人類的知性機構**』において、

「当該の政治的問題・社会的問題を解決するための**【合議】**」

を行ない、

7、この「合議」により、

「当該の政治的問題・社会的問題を解決するための**【思想主張】**」

を決定し、

（3）

8、この決定した「思想主張」を『この汎人類的知性機構の名』において人類社会に表明することによって、

「人類の総員を当該の政治的問題・社会的問題の解決に向けて**【啓発】**すること」

が可能となり、

9、さらには、

「『この汎人類的知性機構が表明する7における思想主張』に基づいての**【汎人類的汎世界的統一性のある国際世論】**」

を形成し展開することによって、

「当該の政治的問題・社会的問題の当事主体に対して『**問題解決に向けての思想的心理的な圧力作用もしくは誘導作用**』を及ぼすこと」

が可能となり、

（4）

10、また一方、「この汎人類的知性機構を構成する人々および全人類」が、それぞれ、この「汎人類的知性機構」における

イ、汎人類的知性機構としての**【権威】**。

すなわちまた、

ロ、「『**汎人類的知性機構としての存在**』の正当性」および「『**汎人類的知性機構として行なうその思想主張の行為**』の正当性」。

を自発的に承認し受容し、

11、「この汎人類的知性機構が表明する『7における思想主張』」に対して、

「**自発的な賛否の思慮**（自発的に賛成したり反対したりする反応および対応を行なうこと）と**問題解決に向けての相応の意思形成**」

を行なうことによって、

12、人類は、

イ、「人類社会を構成する各個人」における「人類社会において汎地球的・汎人類的・汎世界的意義を保有して生起する政治的諸問題・社会的諸問題にかかわるその意識や思想・行動」。

を間接的に誘導し制御し、

また、

ロ、「これらの人々によって形成され構成される集団や国家」における「これらの政治的諸問題・社会的諸問題にかかわるその意識や思想・行動」。

を二次間接的に誘導し制御することが可能となり、

（5）

13、したがってまた、人類は、

「これらの政治的諸問題・社会的諸問題を『**汎人類的規模で効率的かつ体系的に解決すること**』」

が可能となる。

「2」

ただし、

【汎人類的知性機構】とは、

【「汎人類的規模での政治的・社会的な活動を行なう知的機構」で、

1、その「存立原理上の特質」として、

イ、「汎人類的範囲の構成員」によって構成され、人類社会において汎地球的・汎人類的・汎世界的意義を保有して生起する政治的諸問題・社会的諸問題のそれぞれをそれぞれに解決すべく運営される知的機構。

ロ、全人類にとっての『英知と良心の府』として存在し『英知と良心の最大最高の表現機関』として機能する知的機構。

の特質を保有する知的機構。】

をいう。

また、**【意識や思想・行動を間接的に誘導し制御する】**とは、

【「人における意識や思想・行動の誘導と制御に関する状況」の一で、

1、「誘導と制御を受ける側における意識や思想・行動」を、

2、「誘導し制御する側におけるその誘導意思および制御意思の強制」によってではなく、『誘導

と制御を受ける側が行なう誘導し制御する側におけるその誘導意思および制御意思に対する自発的もしくは任意的な賛同と受容』によって誘導し制御する

3、その誘導と制御に関する状況。】

をいう。

『5』

（1）

「『4』における『汎人類的知性機構』」を

【人類院】

と称し、この人類院の「構成員」を

【人類院会員】

と称する。

（2）

ただし、「【人類院】の定義」に関しては、「本節（第二節）」の『第三項・「人類院」「人類大統合」の定義』における『一、「人類院」の定義』を参照。

（3）

また、

【人類院会員】とは、

【その汎人類的規模での組織的結集によって『人類院』を形成し構成する「人類院の構成員」で、

1、「構成員としての権利および義務にかかわる条件設定を伴わない自発的自己責任的加入」を行ない「人類院における会員登録」を受けることによって『人類院におけるその構成員としての身分資格』を獲得し、

2、「地球人意識」および「人類社会において汎地球的・汎人類的・汎世界的意義を保有して生起する政治的諸問題・社会的諸問題に対する問題意識や解決意図」を保有し、

3、そのそれぞれが、

イ、「人類院」における『汎人類的知性機構としての権威』。

すなわち、

ロ、「人類院における『汎人類的知性機構としてのその存在の正当性』および『汎人類的知性機構として行なうその思想主張の行為の正当性』」。

に対して「自発的な承認と受容」を行ない、かつ、

ハ、人類院が「人類院の名」において人類社会に表明する思想主張（人類院声明・人類院特別声明）。

に対して「自発的な賛否の思慮（自発的に賛成したり反対したりする反応および対応を行なうこと）と問題解決に向けての意思形成」を行なうことによって、

4、「人類社会において汎地球的・汎人類的・汎世界的意義を保有して生起する政治的諸問題・社会的諸問題に対する『汎人類的規模での効率的かつ体系的な解決』」に寄与貢献する

5、人類院の構成員。】

をいう。

二、人類院における「存立原理」

『1』

「人類院におけるその『**主的機構機能**』」は、

イ、「**第一機構機能**」としての『**人類の意思的統合**』を成し遂げ実現する機構機能。

であるが、

人類院は、

ロ、「『この第一機構機能を達成すべき汎人類的知性機構』としてのその存立にかかわる基幹原理」

すなわち【**人類院存立原理**】。

として、

『以下の「1」～「4」において明示する

一、第一人類院存立原理＝「目的原理」
二、第二人類院存立原理＝「機能原理」
三、第三人類院存立原理＝「性格原理」
四、第四人類院存立原理＝「構成原理」
の四種の機構原理』

を保有する。

「1」

1、「目的原理」に関する考察

（1）

「『人類院』におけるその創設の動機と目的」は、

1、「人類社会において汎地球的・汎人類的・汎世界的意義を保有して生起する政治的諸問題・社会的諸問題」に対し、

2、「地球人意識を保有しこれらの政治的諸問題・社会的諸問題に対する問題意識や解決意図を保有する人々」を汎人類的規模で組織的に結集し、

3、これらの人々が保有するこれらの問題意識や解決意図を「これらの政治的諸問題・社会的諸問題の解決のために有効に作用すべき政治的作用力・社会的作用力」に変えることによって、

4、これらの政治的諸問題・社会的諸問題を「**汎人類的規模で効率的かつ体系的に解決すること**」。である。

（2）

（1）における考察と結論より、

イ、「人類院におけるその汎人類的知性機構としての存立原理」の一としての【**第一人類院存立原理**＝「**目的原理**」】。

は、以下のように定められる。

一、第一人類院存立原理＝「目的原理」

「人類社会において汎地球的・汎人類的・汎世界的意義を保有して生起する政治的諸問題・社会的諸問題」に対する汎人類的規模での効率的かつ体系的な解決。

「2」

2、「機能原理」に関する考察

（1）

「人類院」が、その「存立のための目的」を達成するためには、すなわち、「人類社会において汎地球的・汎人類的・汎世界的意義を保有して生起する政治的諸問題・社会的諸問題を汎人類的規模で効率的かつ体系的に解決する」ためには、

「人類院」は、

イ、「人類院会員および全人類におけるこれらの政治的諸問題・社会的諸問題に対するその意識や思想・行動」を誘導し制御し、かつ、この誘導と制御を行なうことにより、「人類院会員や人類院会員も含めての個人によって形成され構成される集団や国家におけるこれらの政治的諸問題・社会的諸問題に対するその意識や思想・行動」を二次間接的に誘導し制御することが必要である。

（2）

ここにおいて、人類院が「汎人類的知性機構」として、

イ、「人類院の構成員すなわち『人類院会員』」を直接的に「統治」すること。

すなわち、

ロ、「人類院会員におけるその政治的意識・社会的意識や政治的思想・社会的思想の形成」に対して「権力機構としての強制や支配を行なうこと」。

は、「人類院会員が全地球的範囲に散在している」という物理的理由から「実際的事実として不可能なこと」である。

ましてや、

ハ、人類院の構成員でもない人々すなわち全人類を「直接的に統治すること」。

は、いっそう不可能なことである。

（3）

一方、「人類院」が、

イ、「人類社会において生起した汎地球的・汎人類的・汎世界的意義を保有する政治的諸問題・社会的諸問題」に対して、『**汎人類的知性機構としてのその解決のための思想主張**』を表明し、かつ、『この表明した思想主張』をもって人類院会員および全人類に対して『思想的影響』を与え、その【**思想的啓発**】を行なうこと。

は、十分に可能である。

すなわち、人類院が、

ロ、「『人類院会員および全人類』およびまた『人類院会員や人類院会員も含めての個人によって形成され構成される集団や国家』におけるその『これらの政治的諸問題・社会的諸問題にかかわる意識や思想・行動』」を「その思想的啓発」によって【**間接的に誘導し制御すること**】。

は、十分に可能である。

（4）

したがって、

「人類院が『汎人類的知性機構』として、人類社会において汎地球的・汎人類的・汎世界的意義を保有して生起する政治的諸問題・社会的諸問題を汎人類的規模で効率的かつ体系的に解決するために果たしうるまた果たすべき『**機能**』」

とは、

イ、「人類院会員および全人類に対する『統治』による直接的な思想誘導と思想制御の機能」で

はなく、

ロ、「『**思想的啓発**』による間接的な思想誘導と思想制御の機能」

である。

（5）

（1）～（4）における考察と結論より、

イ、「人類院におけるその汎人類的知性機構としての存立原理」の一としての【**第二人類院存立原理**＝「**機能原理**」】。

は、以下のように定められる。

二、第二人類院存立原理＝「機能原理」

「人類院会員および全人類に対する思想的啓発」による間接的な思想誘導と思想制御の機能。

「3」

3、「性格原理」に関する考察

（1）

「『人類院という汎人類的知性機構』を存立させるための思想的原因である人類院会員および全人類における『地球人意識』」は、

人類院会員および全人類のそれぞれにおける「心理的思想的存在」であって『抽象無形の存在

（目に見えない存在）』である。

（2）

したがって、「人類院」は、この人類院会員および全人類における「地球人意識という抽象無形の存在」をその存立のための思想的原因とし、これを汎人類的規模で組織的に結集することによって形成された

イ、「汎人類的知性機構」という**【具象有形の存在**（目に見える存在）**】**。

である。

したがってまた、人類院は、

ロ、人類院会員および全人類における**【地球人意識を象徴する存在】**。

である。

（3）

また、「2」における考察より、

「人類院」は、「人類社会において汎地球的・汎人類的・汎世界的意義を保有して生起する政治的諸問題・社会的諸問題を解決するために汎人類的知性機構として表明するその『**思想主張**』」に関して、

「これを人類院会員および全人類に対して『強制』する権力・権能」を保有しない。

（4）

したがって、人類院が「人類院会員および全人類に対するその機能原理」としての『**思想的啓**

発による間接的な思想誘導と思想制御の機能』を果たすためには、

1、「人類院が表明するその思想主張」において、

イ、この『思想主張』が『その政治的判断・社会的判断および政治的主張・社会的主張としての真理性・正義性・良心性において万全かつ十分に人類院会員および全人類を説得しうる**高度な知的資性**』を保有すること。

が必要である。

（5）

また、「人類院が表明するこの思想主張」において、この思想主張が、「人類院会員および全人類を万全かつ十分に説得しうる政治的判断・社会的判断および政治的主張・社会的主張としての高度な『**真理性・正義性・良心性**』」を得るためには、

1、この『思想主張』が、

「すべての個人・集団・国家におけるその個別的利害やその相互の政治的力関係・社会的力関係」から超越しかつ「政治的真理性・政治的正義性・政治的良心性およびまた社会的真理性・社会的正義性・社会的良心性の純粋なる追求の結果」として得られた

【人類普遍の政治的真理・政治的正義・政治的良心およびまた社会的真理・社会的正義・社会的良心を内包した思想主張】

であること。

が必要であり、すなわちまた、

2、この『思想主張』が、人類院会員および全人類にとっての
【地球人としての英知と良心のみに基づいて形成され表明された思想主張】
であること。
が必要である。

（6）

したがって、「人類院」は、
イ、【人類院会員および全人類にとっての**英知と良心の府**】として存在し機能すること。
が必要であり、
また、人類院は、「人類院会員および全人類にとっての英知と良心の府」として存在し機能することによって、
ロ、人類院会員および全人類に対する「**思想的啓発による間接的な思想誘導と思想制御の機能**」を果たすこと。
ハ、したがってまた、『**汎人類的知性機構としてのその権威**』を確立し、その存立の目的を達成すること。
が可能である。

（7）

（1）～（6）における考察と結論より、

イ、「人類院におけるその汎人類的知性機構としての存立原理」の一としての**【第三人類院存立原理＝「性格原理」】**。

は、以下のように定められる。

三、第三人類院存立原理＝「性格原理」

「人類院会員および全人類における『地球人意識を象徴する存在』」。およびまた、「人類院会員および全人類にとっての『英知と良心の府』」。

「4」

4、「構成原理」に関する考察

（1）

「人類院」が、『汎人類的知性機構』として人類院会員および全人類に対する『思想的啓発による間接的な思想誘導と思想制御の機能』を果たすためには、

人類院は、

イ、その「表明する思想主張」において「人類院会員および全人類に対する汎人類的知性機構としての**必要十分な説得能力**」を保有すること。

が必要であり、

かつ、人類院がこの「説得能力」を保有するためには、「人類院」は、

ロ、**【人類院会員および全人類に対する汎人類的知性機構としての「権威」】**を保有すること。

が必要である。

（２）

「人類院におけるこの**『汎人類的知性機構としての権威』**の設定」に関しては、

人類院は、『人類院会員および全人類に対する権力的権能』を保有しないがゆえに、人類院会員および全人類に対するこの権威の「強制的設定」は不可能であり、

したがって、この『汎人類的知性機構としての権威』は、

イ、人類院会員および全人類における**【自発的承認と自発的受容】**によって設定されること。

が必要である。

（３）

また、人類院会員および全人類においてこの「権威」に対する『自発的承認と自発的受容』が成立するためには、とりわけ人類院会員において成立するためには、

イ、「人類院会員となることを希望する人々における人類院の会員となる行為」すなわちまた『人類院という機構に対する**加入の行為**』。

が、

ロ、「当人以外の個人・集団・国家等の存在による強制や条件提示等に基づく加入の行為」ではなく、**【当人の任意の判断に基づく『条件設定を伴わない自発的自己責任的な加入の行為』】**であること。

が必要である。

（４）

すなわち、人類院会員となることを希望する人々における「人類院の会員となる行為」が、

イ、「当人の任意の判断」に基づく『**自発的自己責任的な加入の行為**』。

であるならば、

『人類院の会員』は、

ロ、「人類院に対する加入の行為がみずからの任意の判断に基づく自発的自己責任的な加入の行為であること」を理由として、「人類院におけるこの汎人類的知性機構としての権威」に対する**【自発的承認と自発的受容】**を行なうこと。

が可能である。

（５）

また、人類院は「人類院会員に対する『権力的権能』」を保有しない。

したがって、人類院が、人類院会員に対して、

イ、『会員としての制度的権利』を設定し、この権利を制度的に保障すること。

および、

ロ、『会員としての制度的義務』を設定し、この義務を制度的に課すること。

は、ともに不可能である。

（６）

したがってまた、「人類の各員の人類院に対する加入の行為」は、
イ、「加入に際してのまた加入後の人類院会員としての制度的権利と制度的義務にかかわる『条件設定』」を伴わない行為であること。
たとえば、
ロ、「人類院の運営による諸利益の分配や人類院の運営内容・人事等に対して制度的に関与する権利」および「人類院に対する寄付・献金や人類院が表明する思想主張に対して制度的に服従する義務」等の『条件設定』を伴わない行為であること。
が必要である。

（7）

なおまた、
1、「人類の各員の人類院に対する『**加入**』の行為」は、
イ、「『（6）のイ・ロにおける条件設定』を伴わない行為」すなわち「当人の自由意思による自在な行為」すなわちまた『**当人の任意の判断に基づく自発的自己責任的な加入の行為**』。
であることを理由として、
2、「人類院会員の人類院からの『**退会**』の行為」は、
イ、「いかなる『条件設定』も伴わない行為」すなわち「当人の自由意思による自在な行為」すなわちまた『当人の任意の判断に基づく自発的自己責任的な退会の行為』。
であることが容認され保障されるべきである。

すなわち、

3、「人類の各員の人類院に対する『**加入**』の行為」および「人類院会員の人類院からの『**退会**』の行為」は、

イ、ともに、「いかなる『**条件設定**』も伴わない当人の自由意思による自在な行為」すなわちまた『当人の任意の判断に基づく自発的自己責任的な行為』であること。

が容認され保障されるべきである。

すなわちまた、

4、「人類の各員の人類院に対する『**加入**』の行為」は、

イ、「『いかなる条件設定も伴わない当人の自由意思による自在な退会行為』すなわちまた『当人の任意の判断に基づく**自発的自己責任的な退会行為**』に対する容認」を前提としての『加入の行為』。

であることが保障されるものとする。

（8）

（1）～（7）における考察と結論より、

イ、「人類院におけるその汎人類的知性機構としての存立原理」の一としての【**第四人類院存立原理**＝「**構成原理**」】。

は、以下のように定められる。

四、第四人類院存立原理＝「構成原理」

「人類院会員となることを希望する人々における『当人の任意の判断に基づく自発的自己責任的な退会行為に対する容認を前提としてのその任意の判断に基づく自発的自己責任的な加入』で、かつ、『その加入に際してのまた加入後の会員としての制度的権利と制度的義務にかかわる条件設定を伴わない加入』」をへて会員となった人々による構成。

『2』

『1』における「1」～「4」の考察と結論より、

【人類院存立原理】とは、

【人類院が「その主的機構機能である第一機構機能としての『人類の意思的統合』を成し遂げ実現する汎人類的知性機構」として万全に存在し機能するために具備することが不可欠である機構原理としての「四種の機構原理」で、

（1）

一、第一人類院存立原理＝「目的原理」

「人類社会において汎地球的・汎人類的・汎世界的意義を保有して生起する政治的諸問題・社会的諸問題」に対する汎人類的規模での効率的かつ体系的な解決。

二、第二人類院存立原理＝「機能原理」

「人類院会員および全人類に対する思想的啓発」による間接的な思想誘導と思想制御の機能。

三、第三人類院存立原理＝「性格原理」

「人類院会員および全人類における『地球人意識を象徴する存在』」。およびまた、「人類院会員および全人類にとっての『英知と良心の府』」。

四、第四人類院存立原理＝「構成原理」

「人類院会員となることを希望する人々における『当人の任意の判断に基づく自発的自己責任的な退会行為に対する容認を前提としてのその任意の判断に基づく自発的自己責任的な加入』で、かつ、『その加入に際してのまた加入後の会員としての制度的権利と制度的義務にかかわる条件設定を伴わない加入』」をへて会員となった人々による構成。

（2）

の四種の機構原理。】

をいう。

三、「人類院運動」

『1』

「人類院」は、「人類の各員に対する〝統治機構〟」ではない。

したがって、人類院は、

1、人類の各員に対して、
イ、「人類院への加入」を強制すること。
ロ、「人類院が表明するその思想主張に対する受容と支持」を強制すること。
は、ともにできない。
2、また、
イ、人類の総員に対する「権力機構的統治」を行なうこと。
ロ、人類の総員による政治的意思もしくは社会的意思の「権力機構的創造」を行なうこと。
は、ともに不可能である。

『2』

（1）

一方、「人類院」は、
1、「人類院への加入に対する『勧誘活動』」を行なうことにより、
イ、「人類の各員の多数」に対してその任意の判断に基づく『**自発的自己責任的な加入**』を行なわせうる可能性。
を保有し、
2、かつ、「その勧誘活動の成果の終極的可能性（実際的には実現が不可能である可能性ではあっても願望的可能性としてその実現を想定しうる最大限の可能性）」として、

イ、〝**人類の総員**〟に対してそれぞれの任意の判断に基づく自発的自己責任的な加入を行なわせうる可能性。

を保有する。

（2）

また、人類院が保有するこの

イ、「人類院への加入に対する勧誘活動における終極的可能性」としての「〝人類の総員〟に対してそれぞれの任意の判断に基づく自発的自己責任的な加入を行なわせうる可能性」。

に基づき、

1、「人類院」は、

イ、〝人類の総員〟による自発的な受容と支持に基づく「人類社会に普遍すべき政治的・社会的な**思想主張の創造**」をなしうる可能性。

を保有する。

（3）

すなわち、「人類院」は、人類の総員に対して「人類院への加入に対する〝勧誘活動〟」を行なうことにより、終極的に

イ、「人類院において創造された【人類の意思】」に対する**全人類的な支持の状況**。

を成立させうる可能性を保有する。

（4）

（注）。

それが自発的加入であるかぎり、〝人類の総員〟に対してどれほど熱心に『人類院への加入に対する勧誘活動』を行なってみたとしても「五十億（成人数）の人類の全員が人類院に加入する」などということはありうるはずがないわけであり、いずれの国家においても人類院の存在や活動に対して無知無関心な人々がそれぞれに多数いたとしても当然にしてやむを得ないものである。

したがって、

イ、本構想における用語としての『人類の総員』もしくは『全人類』。

の実際的意味は、

ロ、「各国国民のうちで人類院の機構と機能の趣意に対する自覚的理解と自発的支持を成しうる人々」としての（最大数で）数億人程度の人々。

ということである。

『3』

（1）

「『2』における勧誘活動」を、

【人類院運動】

と称する。

（2）

すなわち、

【人類院運動】とは、

【人類院が主体となって推進する「汎人類的知性運動」で、

1、「人類院におけるその存立のための目的思想」としての

「『人類社会において汎地球的・汎人類的・汎世界的意義を保有して生起する政治的諸問題・社会的諸問題』を、『地球人意識を保有しこれらの政治的諸問題・社会的諸問題に対する問題意識や解決意図を保有する人々の組織的結集』により汎人類的規模で効率的かつ体系的に解決する」

との考えに基づき、

イ、「人類院において創造された『人類の意思』」に対する全人類的な支持の状況。

を成立させることを目的として、

2、「『地球人意識』を保有し『人類社会において汎地球的・汎人類的・汎世界的意義を保有して生起する政治的諸問題・社会的諸問題に対する問題意識や解決意図』を保有する人類の各員」に対し、

イ、「人類院に対するその任意の判断に基づく自発的自己責任的な加入」の勧誘活動。

を行なうことにより、

3、人類院の会員数の拡大を行ない、終極理想的には「人類の総員の人類院への加入」をならしめ、
4、この「人類の総員の人類院への加入」のもと、
イ、「人類院において創造された『人類の意思』」に対する全人類的な支持の状況。
を成立させ、
5、もって、「人類社会において汎地球的・汎人類的・汎世界的意義を保有して生起する政治的諸問題・社会的諸問題に対する汎人類的規模での効率的かつ体系的な解決」をめざす
6、汎人類的知性運動。】
をいう。

『4』

ただし、（1）

【人類の意思】とは、

【「人類院の名」において人類社会に表明される『思想主張』で、

1、『人類院会議』

すなわち、

「『人類院において行なわれる合議』で、『人類社会において汎地球的・汎人類的・汎世界的意義を保有して生起する当該の政治的問題・社会的問題に対する汎人類的規模での効率的かつ

体系的な解決を行なう目的意図』のもとに、『地球人意識を保有し当該の政治的問題・社会的問題に対する問題意識や解決意図を保有する人々におけるその最高度の英知と良心を成す人々』を結集することによって行なわれる『合議』」
に基づいて、
2、『人類院声明・人類院特別声明』として形成され、
3、「『地球人意識を保有し当該の政治的問題・社会的問題に対する問題意識や解決意図を保有する人々』における『英知と良心の最高度の表現』」
としての性格と機能を具有し、
4、「当該の政治的問題・社会的問題を解決するための思想主張」として『人類院会員および全人類の多数における自発的な賛同（受容と支持）』が得られる
5、思想主張。】
をいい、

（2）

【**人類の意思の創造**】とは、
【人類が人類院に拠って行なう知的営みのなかで「最も重要な意味を保有する知的営み」で、
1、「人類」が、
2、「人類院」において、
3、『人類院会議』

すなわち、

「『人類院において行なわれる合議』で、『人類社会において汎地球的・汎人類的・汎世界的意義を保有して生起する当該の政治的問題・社会的問題に対する汎人類的規模での効率的かつ体系的な解決を行なう目的意図』のもとに、『地球人意識を保有し当該の政治的問題・社会的問題に対する問題意識や解決意図を保有する人々におけるその最高度の英知と良心を成す人々』を結集することによって行なわれる『合議』」

に基づき、

4、『人類院声明・人類院特別声明』としての

「『地球人意識を保有し当該の政治的問題・社会的問題に対する問題意識や解決意図を保有する人々における英知と良心の最高度の表現』としての性格と機能を具有する思想主張で、当該の政治的問題・社会的問題を解決するための思想主張として『人類院会員および全人類の多数における自発的な賛同（受容と支持）』が得られる思想主張」

を形成する

5、知的営み。】

をいい、

（3）

【人類の意思的統合】とは、

【「人類院におけるその機構活動に基づきその『第一機構機能』として成立するまた成立すべき

汎人類的知性行為および汎人類的知性状況」で、
1、人類社会において『人類院』を創設し、
2、「『人類社会において汎地球的・汎人類的・汎世界的意義を保有して生起する当該の政治的問題・社会的問題に対する汎人類的規模での効率的かつ体系的な解決』を行なうこと」を目的として、
3、「地球人意識を保有し人類社会において汎地球的・汎人類的・汎世界的意義を保有して生起する政治的諸問題・社会的諸問題に対する問題意識や解決意図を保有する人々」における、この人類院に対する「最大多数の加入」のもと、
4、「これらの人々すなわち人類院会員」および「全人類」が、
5、人類院における
イ、汎人類的知性機構としての『権威』。
すなわちまた、
ロ、「『汎人類的知性機構としてのその存在』の正当性」および「『汎人類的知性機構として行なうその思想主張の行為』の正当性」。
を自発的に承認し受容し、
6、かつ、
イ、「『人類院』が人類社会において汎地球的・汎人類的・汎世界的意義を保有して生起する政治的諸問題・社会的諸問題を汎人類的規模で効率的かつ体系的に解決すべく『人類院会

議』を開催し、その合議の成果として人類院の名において人類社会に対して表明する『人類院声明・人類院特別声明』」におけるその思想主張。

すなわち、

ロ、『人類の意思』。

のそれぞれに対して、それぞれに「自発的な賛否の思慮（自発的に賛成したり反対したりする反応および対応を行なうこと）と問題解決に向けての意思形成」を行なうことによって、

7、すなわちまた、「人類院会員および全人類」が、

イ、「人類院が人類院の名において人類社会に対して表明する『人類院会議の成果としての人類院声明・人類院特別声明』におけるその思想主張（人類の意思）」のそれぞれに基づき、「当該の政治的問題・社会的問題にかかわる自身の意識や思想・行動」をそれぞれに自発的に制御し、

ロ、「それぞれが形成し構成する集団や国家における当該の政治的問題・社会的問題にかかわるその意識や思想・行動」をそれぞれに主導的に制御することによって、

8、「人類社会において汎地球的・汎人類的・汎世界的意義を保有して生起する政治的諸問題・社会的諸問題に対する『汎人類的規模での効率的かつ体系的な解決』」

が行なわれる

9、汎人類的知性行為および汎人類的知性状況。】

をいう。

『5』

（1）

（注1）。

1、**【人類の意思】**とは、言語解釈的には「人類の総員の参加による投票行為によって決定された考え（思想判断）」ということになるが、もとより現時点においては『それを実現する汎人類的機構』は存在してはいないためにこの言葉（概念）が「実態的に存在すること」は不可能である。

2、一方、「本構想（『人類院創設』の構想）において使用されるこの言葉（概念）」は、いうなれば〝仮想の言葉（概念）〟としての

イ、「人類社会において汎地球的・汎人類的・汎世界的意義を保有して生起する政治的諸問題・社会的諸問題に対する『汎人類的規模での効率的かつ体系的な解決』」を図るべく、

ロ、「『当該の問題解決のための人類にとっての最高度の英知と良心を持った人々（知性人）』がその英知と良心を振り絞って創出した『**人類にとっての最も優れた考え（思想判断・思想主張）**』として人類の可能なかぎり多数の人々が賛同しうる可能性のある考え（思想判断・思想主張）」

という意味を持った言葉（概念）。

であり、

2、**【人類の意思の創造】**という言葉とともに、

イ、「人類院を存在させ機能させる（『人類院会議』を開催し『人類院声明・人類院特別声明』を表明する）こと」によって初めて人類社会に〝仮想実態的に存在させる〟ことが可能な言葉（概念）。

である。

（2）

（注2）。

1、**【人類の意思的統合】**とは、

『人類院』すなわちまた「人類院が表明する思想主張（人類院声明・人類院特別声明）」によって

イ、人類を〝統治〟する知性行為および知性状況。

もしくは、

ロ、人類を〝統一〟する知性行為および知性状況。

を指すものではない。

2、すなわち、**【人類の意思的統合】**とは、

イ、「人類院において行なわれた合議（**人類院会議**）によって形成され表明された思想主張（**人類院声明・人類院特別声明**）」に対して、人類院会員や人類の各員のそれぞれが「みずから是とし善とし正当として信じるそれぞれの主義主張」に従い『**自発的に賛否の思慮**（自発的

に賛成したり反対したりする反応および対応を行なうこと）』**を行なう知性行為および知性状況**。

のことであり、

3、したがって、仮に、（おそらく「まずはありえないこと」ではあろうが）

イ、『この思想主張（人類院声明・人類院特別声明）』に対して人類院会員や人類の各員の〝圧倒的多数〟が反対する知性状況。

が生じたとしても、『人類の意思的統合』は成立していることとなる。

4、すなわちまた、**【人類の意思的統合】**とは、

イ、「人類社会において汎地球的・汎人類的・汎世界的意義を保有して生起する政治的諸問題・社会的諸問題」に対して、人類院会員や人類の各員が人類院を中心とし『人類院会議の成果として人類院が表明する思想主張（人類院声明・人類院特別声明）』を手掛かりとしてこれを解決することを期待しかつ解決しようと試みる汎人類的知性行為および汎人類的知性状況。

を指すものである。

5、つまり、**【人類の意思的統合】**とは、

イ、人類社会において「汎地球的・汎人類的・汎世界的意義を保有する政治的問題・社会的問題」が発生した場合に、

ロ、世界中の人々がいっせいに
「『人類院』は、したがってまた『**人類の英知と良心を代表するような賢人知者**（人類院会議出席者）』は、この問題を解決するためにどんな議論討論をしどんな答（思想主張）を出すのか」
と、「人類院（人類院会議）」に注目し、
ハ、「そこで行なわれる合議（人類院会議）によって形成され表明された『**問題解決のための思想主張**（人類院声明・人類院特別声明）』」に対してその是非賛否を巡って大いに思慮しもしくは議論を展開し、
ニ、「この『人類院を中心とする汎人類的規模での問題解決意識の集中と高まり』すなわちまた『**人類院声明・人類院特別声明に基づく国際世論の形成と盛り上がり**』によって当該の政治的問題・社会的問題を効率的かつ体系的に解決する（解決しようと試みる）」その汎人類的知性行為および汎人類的知性状況。
を指すものである。

｛なお、『人類院会議』『人類院声明・人類院特別声明』については、「本項（第一項）」の『四、「人類院会議」と「人類院声明」』を参照。｝
（3）
（注3）。

たとえば、
「『A国において政治犯や反対勢力に対する弾圧や虐殺行為等の極めて悪質な非人道的独裁政治行為が行なわれている状況』に対して、B同盟を結ぶその周辺国が結束してこの非人道的独裁政治行為を止めさせる名目でもって『A国に対する空爆等の戦争行為』を行ないA国の諸施設やA国民に多数の被害・被害者が出る状況が生じた場合」
において、

1、「人類院」は、この「人類的悲劇」を防止し解消解決すべく、
イ、世界中から「軍事専門家・平和運動家・学識者・宗教家・文化人・一般市民・関連市民団体の代表者」およびまた「当事者としてのA国国民とB同盟軍のそれぞれの代表者」等を集めての会議（A国問題解決人類院会議）。
を開催し、

2、全人類が、
「『人類最高の英知と良心を保有する人々』はいったいどんな議論をしどんな結論を出すのか。A国政府に対してどのような批判や勧告を行なうのか。B同盟軍による空爆を是とするのか非とするのか。その理由はなんなのか」

といっせいに注目注視する中で、

3、『人類における英知と良心の最高度の表現としての性格と機能を具有する思想主張』としての
イ、「『A国政権における非人道的独裁的政治行為』を厳しく非難する内容」からなる【人類

院声明（もしくは人類院特別声明）**】**。

および、

ロ、「『一方のB同盟諸国における空爆等の戦争行為』に対しても、『結果的に生じた非人道性のみならず域外主権国に対する侵略行為に相当するその戦争行為の理念原理的不当性』を根拠としてその選択と決断の誤りを非難しその即時の停止を求める内容」からなる【人類院声明（もしくは人類院特別声明）**】**。

を表明する。

4、この『**人類院声明**（もしくは**人類院特別声明**）』に対しては当然、汎人類的規模で、

イ、「A国政権における非人道的独裁政治行為に対する厳しい非難」を支持し、A国政権を非難する国際世論。

ロ、逆に「この非難」に反発し、A国政権を支持する国際世論。

ハ、「B同盟諸国における戦争行為に対する非難」を支持し、B同盟諸国を非難する国際世論。

ニ、「B同盟諸国の反発と人類院声明に対する逆非難の声」およびこれを支持する国際世論。

ホ、「A国政権およびB同盟諸国の双方」に対する中立的もしくは喧嘩両成敗的である国際世論。

等々の『多様な国際世論の形成』がなされ、**【国家国境の枠を越えての汎人類的総人類的議論】**が巻き起こる。

5、この

イ、『人類院声明（もしくは人類院特別声明）』を発端とし中心としての「非人道的独裁政治行

為や空爆等の戦争行為の是非を巡る議論」が**汎人類的総人類的に巻き起こる状況**。

が、すなわち、
ロ、**【人類の意思的統合】**がなされた状況。
であり、
6、「4におけるイ～ホのいずれの国際世論」が優勢となり劣勢となったとしても**【人類の意思的統合がなされた状況】**であることに変わりはないものである。
（4）
（注4）。
つまり、従来（今現在および近未来も含めての時点）においては、このような国際的問題が生じた場合、
1、「人類が『その解決のために期待すべき汎世界的汎人類的政治機構』としては『国連すなわち国際連合』しかなかった」
わけであるが、
2、もとより、**【国連】**は『**国家の連合機構**としての機構的性格』上、「国家利益・国家エゴイズムの主張の場」として存在し機能しているわけであり、
3、したがってそこにおいて出される「結論（国連決議等）」は〝**国家間における利害打算妥協の産物**〟であって
『**【人類の意思】**、すなわち人類にとっての英知と良心の最高度の発現』

などとはとても言えるものではないわけである。
すなわち、人類は、
4、**【人類院】**が創設され機能するようになるまでは、
イ、「問題解決のための汎人類的総人類的な意識と意思の結集対象（中心核）」となるべき『国際機構』。
および、
ロ、各国それぞれの国益・国家的利害関係・外交的戦略戦術を離れて公平中立的に事態事案の是非善悪や正当不当を判断し問題解決に向けて『人類の総員に対する啓発』を成し遂げるべき『国際機構』。
を持ってはいないこととなる。
すなわちまた、人類は、
5、**【人類院】**が創設され機能するようになるまでは、
イ、**【人類の意思】**を創造し汎人類的規模での問題解決を行なうこと。
は不可能であり、
ロ、**【人類の意思的統合】**を実現すること。
もまた不可能である。

逆にいえば、人類および人類社会においては、
6、**【人類院】**が創設され機能するようになってのみ初めて、
イ、**【人類の意思】**を創造し汎人類的規模での問題解決を行なうこと。
が可能となるものであり、
ロ、**【人類の意思的統合】**もまたその実現を果たすこと。
が可能となるものである。

四、「人類院会議」と「人類院声明」

『1』

（1）

「人類院」が、
イ、汎人類的知性機構としてその「存立の目的」すなわち**【人類の意思的統合】**。
を達成するためには、
すなわち、
1、「人類院」が、『汎人類的知性機構』として、
イ、「人類社会において汎地球的・汎人類的・汎世界的意義を保有して生起する政治的諸問題・

社会的諸問題」を汎人類的規模で効率的かつ体系的に解決すべく実行すべき「**人類院会員および全人類に対する思想的啓発による間接的な思想誘導と思想制御**」。

を果たすためには、

2、「人類院」は、「これらの政治的諸問題・社会的諸問題に対するその解決のための【思想主張】」を行ない、「この思想主張」に従って人類院会員および全人類を『**説得**』する必要がある。

（2）

また、「人類院が行なうこの思想主張」が人類院会員および全人類に対して『**十分な説得力**』を保有するためには、

「『**この思想主張**』が、

イ、『地球人意識を保有し当該の政治的問題・社会的問題に対する問題意識や解決意図を保有する人々におけるその【**最高度の英知と良心を成す人々**】を結集することによって行なわれた【**合議**】』に基づいて形成された思想主張であること。

および、

ロ、『地球人意識を保有し当該の政治的問題・社会的問題に対する問題意識や解決意図を保有する人々における【**英知と良心の最高度の表現**】としての性格と機能』を具有し、かつ、当該の政治的問題・社会的問題を解決するための思想主張として『人類院会員および全人類の最大多数における**自発的な賛同**（受容と支持）が得られる思想主張』であること。

の両条件を満たす思想主張であること」

が必要である。

『2』

（1）

人類院が、『『1』の（2）におけるイ・ロの両条件を満たしうる思想主張」を形成するためには、

「人類院」は、

1、「全人類中」より、

イ、当該の政治的問題・社会的問題を解決するための思想主張を形成するのに最適任であると思われる**【知性人】**。

すなわち、

ロ、「当該の政治的問題・社会的問題を解決するための最高度の英知と良心を保有すると思われる知性人」としての『**必要数の学識者・（私人としての）政治家・宗教家・文化人・一般市民・市民団体その他の諸団体の代表者、**等』。

を選出し、

2、「選出されたこれらの知性人」による

イ、**【合議】**。

すなわち、
ロ、「問題解決のための討議とその結論としての思想主張」の表明。
を行なうことが必要であり、
（2）
「人類院」においては、
1、「この合議の結果として形成されたその思想主張」を「人類院の名」において
イ、「人類院の意思」すなわちまた**【人類の意思】**。
として人類社会に対して表明し、
2、もって、その「趣意」を主張し人類院会員および全人類に対する**【思想的啓発】**を行なうことにより、
3、「当該の政治的問題・社会的問題を汎人類的規模で効率的かつ体系的に解決すること」が可能となる。

『3』
（1）
1、「『2』における**『合議を行なう会議』**」を

【人類院会議】

と称し、

2、「『2』における『**人類院の意思**すなわちまた**人類の意思としての思想主張**』」を

【人類院声明】

と称する。

（2）

すなわち、

【人類院会議】とは、

【「人類院」が、

イ、「人類社会において汎地球的・汎人類的・汎世界的意義を保有して生起する政治的諸問題・社会的諸問題」を汎人類的規模で効率的かつ体系的に解決すること。

を目的として開催し、かつ、この目的意図のもとに、

ロ、「『人類院会員および全人類に対する思想的啓発による間接的な思想誘導と思想制御の機能を果たすための人類院の意思』すなわちまた『人類の意思』としての思想主張」を形成すること。

を目的として開催する『会議』で、

1、人類院によって全人類中より選出された、

イ、「当該の政治的問題・社会的問題を解決するための思想主張を形成するために最適任である」と思われる『知性人』。

すなわち、

ロ、「人類社会において当該の政治的問題・社会的問題を解決するための最高度の英知と良心を保有すると思われる知性人」としての『必要数の学識者・（私人としての）政治家・宗教家・文化人・一般市民・市民団体その他の諸団体の代表者、等』。

を出席者として開催され、

2、これらの出席者の『合議』に基づき「当該の政治的問題・社会的問題を解決するための思想主張」を形成し、

3、形成されたこの「思想主張」を「人類院の名」において「『人類院の意思』すなわちまた『人類の意思』」として人類社会に対して表明し、その「趣意」を主張することにより、

4、人類院会員および全人類に対する『思想的啓発』を行ない、

5、もって、「当該の政治的問題・社会的問題」を汎人類的規模で効率的かつ体系的に解決する会議。】

をいう。

（3）

また、

【人類院声明】とは、
【「人類院」が「人類院の意思すなわちまた人類の意思」として人類社会に対して表明しその趣意を主張する『思想主張』で、
1、『人類院会議』において
2、「人類社会において汎地球的・汎人類的・汎世界的意義を保有して生起した当該の政治的問題・社会的問題を汎人類的規模で効率的かつ体系的に解決すること」を目的として形成され、
3、「地球人意識を保有し当該の政治的問題・社会的問題に対する問題意識や解決意図を保有する人々における『英知と良心の最高度の表現』」としての性格と機能を具有し、
4、「人類院会員および全人類に対する『思想的啓発』」を成し遂げるべく、『当該の政治的問題・社会的問題を解決するための思想主張』として「人類院会員および全人類の最大多数における自発的な賛同（受容と支持）」が得られるべき思想主張。
5、およびまた、「その主張趣旨」に対して「人類院会員および全人類の最大多数からの『自発的な賛同（受容と支持）』が得られること」によって『人類の意思』とみなされる思想主張。】をいう。

（4）なお、

1、『人類院声明』における「人類院声明としての**公式の認定**」は、**【人類院会議運営委員会】**においてなされるが、

イ、「人類にとって格別に重要な意味を保有する政治的問題・社会的問題を解決するために作成された人類院声明」で、

ロ、その「人類院声明としての公式の認定」が**【人類院総会】**においてなされ、人類院声明としての**『権威の強化』**がなされた人類院声明。

を、特別に、

【人類院特別声明】

と称する。

｛注。『人類院特別声明』については、「本項（第一項）」の『六、「人類院会議」の開催と運営』の『1』を参照。｝

（5）

すなわち、

【人類院特別声明】とは、

【人類にとって格別に重要な意味を保有する政治的問題・社会的問題を解決するために作成された「人類院声明」で、

1、その「人類院声明としての公式の認定」が『人類院総会』においてなされ「人類院声明としての権威の強化」がなされた『人類院声明』。】

をいう。

五、「人類院における機構構成」と「各機構・各職員における権能と任務」

『1』

「**人類院における機構構成**」に関しては、以下の（1）のとおりである。

（1）

「人類院」は、

1、その『**運営機関**』に関しては、

イ、「人類院における機構構成上の最上位機関で『人類院の全運営に関する議事機関』」としての【**人類院総会**】。

ロ、「人類院総会の下位機関で『第一機構機能としての人類の意思的統合』を成し遂げ実現させるための実務機関」としての【**人類院会議運営局**】。

ハ、「人類院総会の下位機関で『第二機構機能としての人類の知性的統合』を成し遂げ実現させるための実務機関」としての【**人類院知性情報局**】。

ニ、「人類院総会の下位機関で『人類院の運営実務に関する事務機関』」としての【**人類院事務局**】。

ホ、「人類院総会の下位機関で『人類院の機構および機能と活動等に対する研究機関』『人類院幹部職員の養成機関』および『「人類院賞」の選考機関』」としての**【人類院大学院】**。

の「五種の運営機関」によって構成され、

2、その**『本部支部』**に関しては、

イ、「1における五機関」が存置された**【人類院本部】**。

ロ、各国において「人類院事務局の支局活動」を行なう**【人類院各国支部】**。

によって構成される。

『2』

「**人類院の各機構（各機関）における職員構成・部局構成**」に関しては、以下の（1）〜（5）のとおりである。

（1）

【人類院総会】は、

1、「人類院総会議長」としての1名の『人類院総長』。

2、「人類院総会副議長」としての1名の『人類院副総長』。

3、「人類院総会代議員」としての複数名（数十名程度）の『人類院総会代議員』。

の各職員によって構成される。

（2）

【人類院会議運営局】は、

1、『人類院会議運営委員会』を中枢機関として機能する。

2、「人類院会議運営委員会」は、

イ、「人類院会議運営委員会議長」としての1名の『人類院会議運営委員長』。

ロ、「人類院会議運営委員」としての複数名（十名程度）の『人類院会議運営委員』。

の各職員によって構成される。

3、『人類院会議運営部』『人類院会議情報部』を主要実務機関として機能する。

（3）

【人類院知性情報局】は、

1、『人類院知性情報審議会』を中枢機関として機能する。

2、「人類院知性情報審議会」は、

イ、「人類院知性情報審議会議長」としての1名の『人類院知性情報審議長』。

ロ、「人類院知性情報審議員」としての複数名（十名程度）の『人類院知性情報審議員』。

の各職員によって構成される。

3、『知性情報登録管理部』『知性主体活動支援部』を主要実務機関として機能する。

（4）

【人類院事務局】は、

1、「『人類院の運営実務に関する事務執行部局』としての『人類院総務部』『人類院広報部』『人類院財務部』『人類院人事部』」
の各実務部局によって構成される。

（5）

【人類院大学院】は、

1、「人類院大学院統轄責任者」としての1名の『人類院大学院学長』によって統轄される。

2、必要相当名の『専任研究員』『養成教官および幹部候補院生』および『人類院賞選考委員』によって運営される。

3、『人類院大学院専任研究局』『人類院大学院幹部養成局』および『人類院賞選考局』の各部局を実務運営機関として機能する。

『3』

「**人類院の各機構（各機関）における具体的な機能および任務**」に関しては、以下の「1」〜「6」のとおりである。

「1」

（1）

【人類院総会】は、

1、「人類院総会議長としての『**人類院総長**』」の指揮統率のもと、「**人類院総会代議員**の出席」

によって、

イ、「人類院憲章・人類院規則」の審議と制定・改正。

ロ、「人類院予算」の審議と決定。

ハ、「人類院人事」の審議と決定。

ニ、「人類院特別声明」の認定と発表。

ホ、「人類院賞」の承認と発表。

ヘ、「人類院会議運営局・人類院知性情報局・人類院事務局・人類院大学院および人類院各国支部の統轄」に関する審議と決定。

ト、人類院における「世界連合（もしくは国際連合）との連携行動」に関する審議と決定。

チ、「人類院における全運営」に関する審議と決定。

等の

『**人類院の運営にかかわる全合議**（**議事と議決**）**実務**』

を執行する。

「2」

（1）

【人類院会議運営委員会】は、

1、「人類院会議運営委員会議長としての『**人類院会議運営委員長**』」の指揮統率のもと、「**人類**

院会議運営委員の出席」によって、

イ、「所定の政治的問題・社会的問題（その解決のための人類院会議を開催する必要性の可能性を保有する政治的問題・社会的問題）」に対し、「この政治的問題・社会的問題を解決するための人類院会議を開催するか否かのその可否の審議」を行なう。

ロ、（イの審議において「人類院会議の開催」が決定した場合）、「当該の人類院会議における主題・開催日時・開催場所・出席者数・出席者名」等の『当該の人類院会議の開催に必要な具体的諸事項の審議と決定』を行ない、かつ、「当該の人類院会議の『開催趣意書』の作成」を行なう。

ハ、「人類院会議の結論」に対し、「この結論の扱いを『人類院声明』とするか『人類院特別声明』とするかの審議と決定」を行なう。

ニ、「ハの審議」において『人類院声明の扱いと決定した人類院会議の結論』に対しては、これを『人類院声明』として公式に認定し、かつ、人類社会に発表する。

ホ、また、「ハの審議」において『人類院特別声明の扱いと決定した人類院会議の結論』に対しては、これを「人類院総会」に上送し、かつ、「『人類院特別声明』としての公式の認定と人類社会への発表」を要請する。

ヘ、『人類院会員投票』の実施を決定する。

｛注。「人類院会員投票」については、「本項（第一項）」の『七、「人類院会員投票」の実施』を参照。｝

等の
『人類院会議の開催と運営および人類院会員投票の実施にかかわる全合議（議事と議決）実務』
を執行する。

2、**『人類院会議の開催』**に際しては、
その『主催者』として、**『人類院会議運営委員長』**の指揮統率のもと、「人類院会議運営委員会と人類院会議運営部・人類院会議情報部との協力」により、
イ、「当該会議の開始まで」の全準備実務。
ロ、「当該会議の開始から終了まで」の全進行実務。
ハ、「当該会議の終了以後」の全終結実務。
等の
『人類院会議の開催と運営にかかわる全実務』
を執行する。

（2）

【人類院会議運営部】は、

1、「**『人類院会議にかかわる会議関連実務』**に関する事務執行部局」として、「人類院会議運営委員会における人類院会議開催の決定」を受けて、
イ、「会議出席者」の招請・接待。
ロ、「会議開催」の準備・進行・終結処理。

ハ、「会議記録」の作成・管理保全・公開・配布。

等の

『人類院会議の開催と運営にかかわる全事務実務』

を執行する。

2、「**『人類院会員投票にかかわる実施関連実務』**に関する事務執行部局」として、「人類院会議運営委員会における人類院会員投票実施の決定」を受けて、

イ、「人類院会員投票」の公告・広報および実施。

ロ、「人類院会員投票」の投票結果の集計と発表およびその記録保全と公開。

等の

『人類院会員投票の実施にかかわる全事務実務』

を執行する。

（3）

【人類院会議情報部】は、

1、「**『人類院会議にかかわる情報関連実務』**に関する事務執行部局」として、

イ、「『人類院会議』開催の対象となる可能性のある（汎地球的・汎人類的・汎世界的意義を保有する）政治的諸問題・社会的諸問題にかかわる諸情報」の収集と管理。

ロ、「人類院会員から人類院に対して寄せられる『特定の政治的問題・社会的問題を解決するための人類院会議開催の要請』」に対するその受理と整理。

　およびその「要請状況」の人類院会議運営委員長に対する報告。
ハ、「(汎地球的・汎人類的・汎世界的意義を保有して生起する) 政治的諸問題・社会的諸問題を解決するために最適任であると思われる個人・団体にかかわる諸情報」の収集と管理。
　すなわち、「『将来において開催されると推測される人類院会議のそれぞれの出席者として最適任である』と思われる (当該の問題解決のために最適である汎人類的な英知と良心を保有すると思われる) 個人・団体にかかわる諸情報 (知性人情報・学術学識情報・団体活動情報等)」の収集と管理。
等の
『人類院会議の円滑なる開催と運営に必要不可欠である諸情報の収集と管理にかかわる全実務』
を執行する。

2、「**『人類院会員投票にかかわる情報関連実務』**に関する事務執行部局」として、
イ、「『人類院会員投票』の対象となる可能性のある (汎地球的・汎人類的・汎世界的意義を保有する) 政治的諸問題・社会的諸問題にかかわる諸情報」の収集と管理。
ロ、「人類院会員から人類院に対して寄せられる『特定の政治的問題・社会的問題を解決するための人類院会員投票実施の要請』」に対するその受理と整理。
　およびその「要請状況」の人類院会議運営委員長に対する報告。
等の
『人類院会員投票の円滑なる実施に必要不可欠である諸情報の収集と管理にかかわる全実務』

を執行する。

「3」

｛注。以下の（1）～（3）に関しては、「本節（第二節）」の『第二項・人類院における「知性情報登録実務」』を参照。｝

（1）

【人類院知性情報審議会】は、

1、「「人類院知性情報審議会議長としての『**人類院知性情報審議長**』」の指揮統率のもと、「人類院知性情報審議員の出席」によって、

イ、「『人類院の機構外に存在し活動する非政府団体』における人類院登録の申請」に対する登録審査および登録。

ロ、「登録を受けたイの非政府団体（人類院登録非政府団体）」におけるその相互の連絡や連携活動に対する仲介と支援および必要情報の保存と公開と提供。

ハ、「『人類院の機構外において開催された知性会議』における人類院登録の申請」に対する登録審査および登録。

ニ、「登録を受けたハの知性会議（人類院登録知性会議）」に関する情報・資料・会議内容等の保存と公開と提供。

ホ、「『人類の知的活動の全分野における各分野別の知性資料』に関する人類院登録の申請」

に対する登録審査および登録。
へ、「登録を受けたホの知性資料（人類院登録知性資料）」の保存と公開と提供。
ト、「人類院の機構外において存在し活動する個人もしくは団体としての知性主体」における各知性活動に関する活動支援。
等の
『汎人類的な知性情報と知性主体に関連する各事案にかかわる是非可否に関する審議と議決』を執行する。

（2）

【知性情報登録管理部】は、
1、「人類院知性情報審議会における審議と議決」に基づき、
イ、「人類院会議において作成された知性資料としての『人類院声明・人類院特別声明』」および「その他の人類院関連知性資料」に関する登録管理および情報保存・情報公開・情報提供。
ロ、「人類院の機構外に存在し活動する非政府団体」「人類院の機構外において開催された知性会議」「人類の知的活動の全分野における各分野別の知性資料」に関する登録管理および情報保存・情報公開・情報提供。
ハ、『汎人類的知性情報の管理（登録・保存・公開）に関する人類社会最大にして唯一の中枢機関（集積中枢・保存中枢・発信中枢）』としての実務活動。
等の

『汎人類的知性情報の管理（登録・保存・公開）にかかわる全実務』を執行する。

（3）

【知性主体活動支援部】は、

1、「人類院知性情報審議会における審議と議決」に基づき、

イ、「人類院の機構外において存在し活動する個人もしくは団体としての知性主体」における各知性活動に関する活動支援。

ロ、『知性主体と知性情報に関する汎人類的汎世界的な情報網・連絡網・連携網の最大拠点機関』としての実務活動。

等の

『汎人類的知性主体に対する活動支援にかかわる全実務』を執行する。

「4」

（1）

【人類院総務部】は、

1、「『人類院の総務関連実務』に関する事務執行部局」として、

イ、「人類院の存在と活動にかかわる院内実務」に関する管理と問題処理。

ロ、「人類院の存在と活動にかかわる院外実務と渉外実務」に関する管理と問題処理。

等の

『**人類院の存在と活動にかかわる全総務実務**』

を執行する。

（２）

【人類院広報部】は、

１、「『人類院の広報関連実務』に関する事務執行部局」として、

イ、「人類院声明」「人類院特別声明」の人類社会に対する広報。

ロ、「人類院の存在と活動」に関する人類社会に対する広報。

ハ、「人類院運動の推進主体」として執行すべき「人類院会員の募集・勧誘・登録」および「主要会員に対する諸広報・諸連絡」。

等の

『**人類院の存在と活動にかかわる全広報実務**』

を執行する。

（３）

【人類院財務部】は、

１、「『人類院の財務関連実務』に関する事務執行部局」として、

イ、「人類院の全運営」にかかわる全経理実務。

ロ、「『人類院の運営のための財源としての各国の拠出金・募金・寄付金・寄贈品等の資金・資産』に対する管理と運用」にかかわる全財務実務。

等の

『人類院の運営と財政的存立にかかわる全経理実務・全財務実務』

を執行する。

（4）

【人類院人事部】は、

1、「『人類院の人事関連実務』に関する事務執行部局」として、

イ、人類院職員に対する「人事管理」。

ロ、人類院一般職員の「募集および養成と教育」。

等の

『人類院におけるその機関機構としての人的態様と人的存立にかかわる全人事実務』

を執行する。

「5」

（1）

【人類院大学院】は、

1、「人類院の機構と機能・活動等に対する研究機関」「人類院幹部職員の養成機関」および「『人

類院賞』の選考機関」として、
イ、『人類院大学院専任研究局』における「その機構活動に資するための人類院の機構および機能と活動等に対する研究」。
ロ、『人類院大学院幹部養成局』における「人類院幹部職員の養成」。
ハ、『人類院大学院人類院賞選考局』における「『人類院賞』の選考審査と選出」。
等の
『人類院におけるその研究実務および幹部養成実務およびまた「人類院賞」の選考実務』を執行する。

「6」

（1）

【人類院各国支部】は、
1、「人類院本部の各国支部」として、
イ、「人類院会議運営局の各国支局」として当該国における人類院会議関連実務および人類院会員投票関連実務の執行。
ロ、「人類院知性情報局の各国支局」として当該国における知性情報関連実務の執行。
ハ、「人類院事務局（人類院総務部・人類院広報部・人類院財務部・人類院人事部）の各国支局」として当該国における総務関連実務・広報関連実務・財務関連実務・人事関連実務の執行。

等の

『人類院本部の各局の各国における支局活動』

を執行する。

『4』

「**人類院の主要職員における具体的な権能および任務**」に関しては、以下の（1）～（8）のとおりである。

（1）

【人類院総長】は、

1、『人類院の統轄責任者』として、「人類院会議運営局・人類院知性情報局・人類院事務局・人類院大学院の全機構運営と全活動」を指揮統率する。

2、『人類院総会の議長』として、「人類院総会の召集と議事進行」を行なう。

3、『人類院運動の推進総責任者』として、「人類院広報部における人類院運動の推進活動」を指揮統率する。

4、『人類院の総代表者』として、その必要性に応じ、「人類院声明・人類院特別声明」をその趣意当該者（当該国・当該団体・当該個人）に対して伝達し、かつ、その趣意を説明し、もしくは勧告し、もしくは説得することにより、「当該の政治的問題・社会的問題の解決」に努める。

5、『人類院の総代表者』として、特定の政治的問題・社会的問題を解決すべく『人類院と世界連合（もしくは国際連合）との連携』がなされるに際しては、人類院が行なうこの連携行為を指揮統率し、かつ、「世界連合事務総長（もしくは国際連合事務総長）との意思疎通・意思協調」に努める。

6、『人類院の総代表者』として、「各国要人・主要民間人との対談や多様な個人・民衆・諸団体との対話および諸行事・諸集会への出席」等を行なうことにより、これらの人々や団体に対して人類院におけるその存在と活動に対する認識の啓発深化に努め、かつ、その理解と協調を求める。

7、『人類院の総代表者』として、「『人類院賞』の授与」を行なう。

等の権能を保有しその任務を執行する。

（2）

【人類院副総長】は、

1、「人類院総長の全活動」を補佐する。

2、その必要に応じて「人類院総長の権能および任務」を代行する。

3、『人類院の代表者』として、その必要性に応じ、「人類院声明・人類院特別声明」をその趣意当該者（当該国・当該団体・当該個人）に対して伝達し、かつ、その趣意を説明しもしくは勧告しもしくは説得することにより、「当該の政治的問題・社会的問題の解決」に努める。

4、『人類院の代表者』として、「各国要人・主要民間人との対談や多様な個人・民衆・諸団体との対話および諸行事・諸集会への出席」等を行なうことにより、これらの人々や団体に対して人類院におけるその存在と活動に対する認識の啓発深化に努め、かつ、その理解と協調を求める。

等の権能を保有しその任務を執行する。

（3）

【人類院総会代議員】は、

1、『人類院総会の代議員』として、人類院総会において「〔『3』の「1」の（1）に例示される〕人類院の運営にかかわる全合議（議事と議決）実務」を行なう。

2、『人類院総会の代議員』として、その必要性に応じ、「人類院声明・人類院特別声明」をその趣意当該者（当該国・当該団体・当該個人）に対して伝達し、かつ、その趣意を説明しもしくは勧告しもしくは説得することにより、当該の政治的問題・社会的問題の解決に努める。

3、『人類院総会の代議員』として、「各国要人・主要民間人との対談や多様な個人・民衆・諸団体との対話および諸行事・諸集会への出席」等を行なうことにより、これらの人々や団体に対して人類院におけるその存在と活動に対する認識の啓発深化に努め、かつ、その理解と協調を求める。

等の権能を保有しその任務を執行する。

（4）

【人類院会議運営委員長】は、

1、『人類院会議運営委員会の議長』として、「人類院会議運営委員会の召集と議事進行」を行なう。

2、「人類院会議の開催」に際しては、『人類院会議の開催にかかわる統轄責任者』として、人類院会議運営委員および人類院会議部・人類院情報部の全活動を指揮統率し、その必要に応じて

「人類院会議の議長」となる。

3、「人類院会員投票の実施」に際しては、『人類院会員投票の実施にかかわる統轄責任者』として、「人類院会議運営委員および人類院会議部・人類院情報部の全活動」を指揮統率する。

等の権能を保有しその任務を執行する。

（5）

【人類院会議運営委員】は、

1、『人類院会議運営委員会の運営委員』として、人類院会議運営委員会において「{『3』の「2」の(1)に例示される}人類院会議の開催と運営にかかわる全合議（議事と議決）実務」を行なう。

2、『人類院会議運営委員会の運営委員』として、人類院会議運営委員長の指揮統率のもと、人類院会議部・人類院情報部との協力により、「{『3』の「2」の（1）に例示される}人類院会議の開催と運営にかかわる全実務」を行ない、その必要に応じて「人類院会議の議長」となる。

3、「『人類院会員投票の実施』にかかわる全合議（議事と議決）実務」を行なう。

等の権能を保有しその任務を執行する。

（6）

【人類院知性情報審議長】は、

1、『人類院知性情報審議会の議長』として、「人類院知性情報審議会の召集と議事進行」を行なう。

等の権能を保有しその任務を執行する。

（7）

【人類院知性情報審議員】は、

1、『人類院知性情報審議会の審議委員』として、人類院知性情報審議会において「〔『3』の「3」の（1）に例示される〕汎人類的な知性情報と知性主体に関連する登録・管理等の各事案にかかわる是非可否」に関する審議と議決を行なう。

等の権能を保有しその任務を執行する。

（8）

【人類院大学院学長】は、

1、『人類院大学院の統轄責任者』として、「人類院大学院の全運営実務」を統轄する。

等の権能を保有しその任務を執行する。

『5』

「**人類院の主要職員・一般職員におけるその選出方法**」に関しては、以下の（1）～（10）のとおりである。

（1）

【人類院総長】は、

1、「人類院総会代議員」の中から、『選挙（人類院総長選挙）』により選出される。

（2）

【人類院副総長】は、

1、「人類院会員」の中から、『人類院総長の指名』により選出される。

（3）**【人類院総会代議員】**は、

1、「人類院各国支部の推薦を得た人類院会員」の中から、『人類院総会における選考』により（各大陸もしくは各国における）地域的人口比等を考慮して選出される。

（4）**【人類院会議運営委員長】**は、

1、「人類院会議運営委員」の中から、『人類院総会代議員を投票人とする選挙（人類院会議運営委員長選挙）』により選出される。

（5）**【人類院会議運営委員】**は、

1、「人類院会議運営局の職員もしくはその経験者」および「人類院大学院修了者」の中から、および「人類院会議運委員の推薦を得た人類院会員」の中から、『人類院会議運営委員会における選考』より選出される。

（6）**【人類院知性情報審議長】**は、

1、「人類院知性情報審議員」の中から、『人類院総会代議員を投票人とする選挙（人類院知性情報審議長選挙）』により選出される。

（7）

1、**【人類院知性情報審議員】**は、「人類院知性情報局の職員もしくはその経験者」および「人類院大学院修了者」の中から、および「人類院知性情報審議員の推薦を得た人類院会員」の中から、『人類院知性情報審議会における選考』により選出される。

（8）

1、**【「人類院一般職員」としての人類院会議運営局職員・人類院知性情報局職員・人類院事務局職員・人類院大学院職員】**は、「人類院事務局（人類院人事部）が実施する『人類院一般職員採用試験』の合格者」とする。

（9）

1、**【人類院大学院学長】**は、「人類院総会代議員の推薦を得た人類院会員」の中から、『人類院総会における選考』により選出される。

（10）

1、**【「人類院大学院」における『研究員・養成教官』】**は、「人類院会員中の自薦人」の中から、「人類院事務局（人類院人事部）」が実施する『人類院大学院研究員審査・人類院大学院養成教官審査』の合格者」としてそれぞれ選出される。

（11）

【「人類院大学院」における『**人類院賞選考委員**』】は、
1、「人類院大学院における研究員・養成教官」の中から、「人類院事務局（人類院人事部）が実施する『人類院大学院人類院賞選考委員審査』の合格者」として選出される。

（12）

【「人類院大学院幹部養成局」における『**幹部候補院生**』】は、
1、「人類院事務局（人類院人事部）が実施する『人類院大学院幹部候補院生試験』の合格者」として選出される。

六、「人類院会議」の開催と運営

『1』

人類社会において【（人類院会議の議題となるべき）汎地球的・汎人類的・汎世界的意義を保有する政治的問題・社会的問題】が発生した場合、
1、【人類院】は、

【人類院会議】

を開催することにより、
2、当該の政治的問題・社会的問題にかかわる『人類院声明もしくは人類院特別声明』を表明し、もって、
【人類の意思の創造】を行ない、「当該の政治的問題・社会的問題の解決」に努めるものとする。

『2』

【人類院会議】は、
『以下の「1」～「7」における第一～第七段階の各段階に示す諸作業』を経て開催され運営される。

「1」

1、第一段階（**人類院会議開催の要請**）

1、「**人類院会員**」は、
イ、『人類院会議』を開催することによって解決してほしいと希望する「汎地球的・汎人類的・汎世界的意義を保有する政治的問題・社会的問題」。
が発生した場合には、人類院会員として、「人類院（人類院会議情報部）」に対し、
ロ、『当該の政治的問題・社会的問題を解決するための人類院会議』の開催。

を要請することができる。

2、「**人類院会議情報部**」は、

イ、人類院会員から人類院に対して寄せられる「1の人類院会議開催の要請」。に関しては、この要請を受理整理し、その要請状況を「人類院会議運営委員長」に対して定時もしくは臨時に報告する。

3、また、「**人類院会議情報部**」は、つねに、

イ、「人類院会議を開催することによって解決すべきである」と思われる「汎地球的・汎人類的・汎世界的意義を保有する政治的問題・社会的問題」に関する諸情報。の収集と管理に努め、収集しえた諸情報を「人類院会議運営委員長」に対して定時もしくは臨時に報告する。

「2」

2、第二段階（**人類院会議開催の可否の審議**）

（1）

1、「人類院会議情報部から報告された『「1」の2・3の報告』を受けた人類院会議運営委員長」における

イ、「当該の政治的問題（もしくは社会的問題）はその解決のために人類院会議を開催する必要性の可能性のある政治的問題（もしくは社会的問題）である」との認定。

に基づき、

2、「人類院会議運営委員長」は、ただちに「人類院会議運営委員」を召集し、

【人類院会議運営委員会】

を開催する。

（2）

「人類院会議運営委員会」においては、

1、まず、「当該の政治的問題・社会的問題」に対し、

イ、「この政治的問題・社会的問題を解決するための人類院会議」を開催するか否かの『**その可否の審議**』。

を行なう。

「3」

3、第三段階（**人類院会議開催の決定**）

（1）

「第二段階における人類院会議運営委員会での審議」の結果、『（当該の政治的問題・社会的問題を解決するための）**人類院会議の開催**』が決定された場合、

1、「**人類院会議運営委員会**」においては、引き続き、

イ、「出席招請者に配布する『当該人類院会議の**【開催趣意書】**』」の作成。

ロ、当該の人類院会議における「主題・開催日時・開催場所・出席者数・出席者名」等の、『当該の人類院会議の開催に必要な具体的諸事項』の審議と決定。を行なう。

（2）

なお、**『人類院会議出席者の人選』**は、

1、「人類院会議運営委員会」において、「人類院会議情報部が収集し蓄積してある知性人情報・学術学識情報・団体活動情報等の諸情報」に基づき、

2、「全人類中」より

イ、「当該の政治的問題・社会的問題を解決するための**『最高度の英知と良心』**を保有していると思われる知性人」としての**『必要数の学識者・（私人としての）政治家・宗教家・文化人・一般市民・市民団体の代表者等』**。

を選出することによって行なわれる。

〔注。世界の知性人・知識人にとって「**『人類院会議出席者』**に選ばれること」は、「『人類院という汎人類的知性機構』から**【汎人類的水準での高度な英知や良心を保有している人】**として認定され処遇される」こととなるわけであるから「十分に名誉なこと」でもあり、格別の反対理由がないかぎりその出席には賛同してもらえるはずである。〕

「4」

4、第四段階**（人類院会議開催のための事務実務）**

第三段階における「人類院会議開催の決定および人類院会議の開催に必要な具体的諸事項の決定」に基づき、

「人類院会議運営部」は、

1、「人類院会議の開催に必要な全事務実務」としての

イ、「会議の開催と運営に必要な諸資料、とりわけ出席者に配布され討議の際の諸判断の材料となるべき諸資料」の収集と整理。

ロ、出席者に対する招請にかかわる諸手配（出席の交渉および出席に際しての諸費用や交通機関・宿舎等にかかわる諸手配）。

ハ、「(「人類院式典会場」で開催される）出席者に対する歓迎会・慰労会等の催し」にかかわる諸手配等の、出席者に対する全接待行為。

等の事務実務を行なう。

「5」

5、第五段階**（人類院会議における討議と人類院声明の作成）**

【人類院会議】においては、

1、「人類院会議運営委員長もしくは人類院会議運営委員、もしくは出席者中の適任者」を『議長』

として、「所定の議題に基づいての討議」を行ない、その「合議の結論」としての**【人類院声明】**を作成する。

「6」

6、第六段階（**人類院声明の発表と人類院会議の終了**）

（1）

「第五段階において作成された『人類院声明』」に対し、

1、「**人類院会議運営委員会**」は、まず、「当該の人類院声明を『人類院声明扱い』とするか『人類院特別声明扱い』とするかの判定」を行なう。

2、「1における判定」の結果、『**人類院声明扱い**』とすることが決定した場合には、「人類院会議運営委員会」は、ただちにこの人類院声明を「全会一致」で『公式の人類院声明』として認定し、しかるのちに「人類院会議運営委員会名」で、**【人類院声明】**として人類社会に発表する。

3、「1における判定」の結果、『**人類院特別声明扱い**』とすることが決定した場合には、「人類院会議運営委員会」は、この人類院声明を「人類院総会」に上送する。

4、「人類院会議運営委員会より上送されてきた人類院声明」に対し、

「人類院総会」は、ただちにこの人類院声明を「全会一致」で『公式の人類院特別声明』として認定し、しかるのちに「人類院総会名」で、

【人類院特別声明】

として人類社会に発表する。

5、「2における人類院声明」もしくは「4における人類院特別声明」の人類社会に対する発表をもって、『人類院会議』は終了する。

（2）

（注）。

【人類院声明】は、

イ、人類院会議運営委員会において「当該の政治的問題・社会的問題を解決するために（全人類中で）最適任である」と認めて選出した人々。

ロ、すなわち、人類院自身が、

「この人々こそ当該の政治的問題・社会的問題を解決すべく『**人類にとっての最高度の英知と良心を保有している人々**』、すなわちまた『**最も正しい是非・善悪・正当不当の判断**』のもとに最も的確に『**問題解決のための英知と良心に満ちた智恵**』を発現してくれる人々」

と認めて選出した人々。

を結集して開催された人類院会議におけるその『合議の結論』として作成された『**声明**』である。

1、したがって「**その思想主張としての真理性・正義性・良心性**」に関しては、

「当該の政治的問題・社会的問題を解決すべく『**人類にとっての考えうるかぎり最高至善のもの**』」

とみなされる。

2、したがってまた、いかなる人類院会議運営委員も人類院総会代議員も「人類院声明および人類院特別声明における『**その思想主張の内容**』」に関しては、

イ、これに関与するいかなる正当性も有さず、

ロ、かつ、『**その権威性**』を保障すべく、「これを否定すること」はいっさい認められない。

3、また、このゆえに、人類院会議運営委員会も人類院総会も「人類院声明・人類院特別声明をそれぞれ人類院声明・人類院特別声明として公式に認定する」に際しては、

イ、必ず【**全会一致**】でこれを行なうものとする。

｛つまり、この『認定行為（全会一致行為）』は、

「人類院が『人類院声明・人類院特別声明』を公式に成立させるために執り行なう〝最終儀式〟としての形式的な行為」

ということである。｝

「7」

7、第七段階（**人類院声明の広報と当該の政治的問題・社会的問題の解決**）

1、「**人類院広報部**」は、

「第六段階の（1）の2・4において発表された人類院声明・人類院特別声明」に対しては、
イ、ただちに文書・映像・音声等からなる多様な媒体を駆使してこれを人類社会に広報し、人類院会員および全人類に対するその**【思想的啓発】**を行ない、
ロ、「当該の政治的問題・社会的問題の解決」に努める。
2、また、「**人類院総長・人類院副総長・人類院総会代議員**」は、
イ、その必要性に応じ、『人類院声明・人類院特別声明』をその『趣意当該者（当該国・当該団体・当該個人）』に対して伝達し、かつ、その趣意を説明しもしくは勧告しもしくは説得することにより、
ロ、「**当該の政治的問題・社会的問題の解決**」に努める。

『3』

「**【人類院会議】**の開催と運営に関する**具体的な事例**」としては、
イ、「A国が核実験を行なった場合」における『人類院会議』の開催と運営。
としての『以下の「1」〜「6」の事例』が考えられる。

「1」

『A国が核実験を行なった問題事態』に対して、
1、「人類院会員」から人類院（人類院会議情報部）に対して寄せられる

イ、当該の問題事態を解決するための「人類院会議開催の要請」。

に基づき、

2、もしくは、「人類院会議運営委員長」の

イ、「この問題事態は、『その対処のための人類院会議』を開催する必要性の可能性のある問題事態である」との認定。

に基づき、

3、「人類院会議運営委員長」は、ただちに「人類院会議運営委員」を召集し、

【人類院会議運営委員会】

を開催する。

「2」

（1）

「人類院会議運営委員会」においては、

1、まず、「『この問題事態に対処するための人類院会議』を開催するか否かの『その可否の審議』」を行ない、

2、「『A国が核実験を実施した事態』は、人類にとっての重大な政治的問題とされるべき事態であり、**【人類院会議】**を開催しその対処のための『**人類院としての思想主張**』を行なうべき問題事態である」

との判定が下され、【人類院会議の開催】が決定された場合、
3、「**人類院会議運営委員会**」は、引き続き、
イ、当該の『人類院会議（例称・「A国核実験問題」人類院会議）』における【**主題**（例題・「A国が核実験を実施した問題事態」に対して人類はいかなる対処をなすべきか）】。
ロ、開催日時・開催場所（人類院大会議場）・出席者数・出席者名。
等の、「この人類院会議の開催に必要な具体的諸事項」の審議と決定を行ない、
また、
ハ、「出席招請者」に配布する『当該会議（「A国核実験問題」人類院会議）の【**開催趣意書**】』。
の作成を行なう。

（2）

なお、「人類院会議出席者の**人選**」は、
1、人類院会議運営委員会において、「人類院会議情報部が収集し蓄積している**知性人情報・学術学識情報・団体活動情報等の諸情報**」に基づき、
2、「全人類中より、
イ、A国の核実験問題のみならず広く核拡散防止問題・核軍縮問題等およびまた戦争と平和に関する諸問題等を時事的視点・歴史的視点に基づき汎世界的汎人類的規模で解決するための『最高度の英知と良心』を保有していると思われる知性人。
としての

ロ、必要数の学識者・（私人としての）政治家・宗教家・文化人・一般市民・市民団体の代表者等。

を選出すること」

によって行なわれる。

｛注。『公式の出席者（出席招請者）』は、事態の重要性を考慮して「数百人規模」となるはずであり、かつ、各出席者の随伴者および「任意の会議支援（反対）者・支援（反対）団体」も多数（場合によっては数千人数万人規模で）参集し「人類院議事堂内やその周辺において関連対話や関連集会・関連デモ等が行なわれる」こととなるはずである。｝

「3」

「2」における「人類院会議開催の決定および人類院会議の開催に必要な具体的諸事項の決定」に基づき、

「**人類院会議運営部**」は、

1、「人類院会議の開催に必要な全事務実務」としての

イ、「会議の開催と運営に必要な諸資料、とりわけ『出席者に配布され討議の際の諸判断の材料となるべき諸資料（核保有・核実験・核拡散・核軍縮等に関する時事的状況や一般軍事状況および反核運動や平和運動等の状況にかかわる諸資料）』」の収集と整理。

ロ、「出席者に対する招請」にかかわる諸手配（出席の交渉および出席に際しての諸費用や交

通機関・宿舎等にかかわる諸手配）。

ハ、「（人類院式典会場で開催される）出席者に対する歓迎会・慰労会等の催し」にかかわる諸手配等の、出席者に対する全接待行為。

等の事務実務を行なう。

「4」

（1）

「当該の人類院会議」は【**人類院議事堂（人類院大会議場）**】において開催されるが、「この人類院会議」においては、

1、「人類院会議運営委員長もしくは人類院会議運営委員、もしくは出席者中の適任者」を『議長』として、

イ、『**所定の議題**（「A国の核実験の実施」に対して人類はいかに対処し人類院はいかなる「人類院声明」を表明すべきか）』に基づいての**討議**。を行ない、

2、その「合議の結論」としての【**人類院声明**】を作成する。

（2）

（注）。

もとより、その『**声明**』は、

イ、A国の核実験に抗議する内容。

ロ、各国に対して、「A国に対する具体的な経済的・政治的・文化的制裁措置等の実施」を勧告する内容。

ハ、合わせて、「核保有諸国に対する核軍縮と核廃絶」を勧告する内容。

ニ、各国国民に対して「核軍縮を推進し核拡散に反対し核廃絶を志向する国際世論の形成」を勧告する内容。

等の各主張からなる「声明」となるはずである。

（3）

「**人類院会議運営委員会**」は、

1、『当該の人類院声明』の扱いに関して、

イ、『A国の核実験問題』は「全人類的全世界的意味を保有しかつ人類と国際社会にとって格別の重要性を保有する政治的問題」である。

との判断に基づき、

2、「当該の人類院声明」を【**人類院特別声明扱い**】とすることとし、この「人類院声明」を『人類院総会』に上送する。

（4）

「**人類院総会**」は、

1、「人類院会議運営委員会より上送されてきた人類院声明」に対し、「人類院総会名」で、この『人類院声明』を

イ、**【人類院特別声明】**

すなわち、

ロ、**【**人類院特別声明・第〇〇〇号

『「A国核実験実施問題」に関する人類院特別声明』**】**

として人類社会に発表し、

2、かつ、この発表をもって『人類院会議』は終了する。

「5」

（1）

「**人類院広報部**」は、

1、「「4」において発表された人類院特別声明」に対しては、ただちに文書・映像・音声等からなる多様な媒体を駆使してこれを人類社会に広報し、人類院会員および全人類に対するその趣旨に関する**【思想的啓発】**を行なう。

（２）

「**人類院総長・人類院副総長・人類院総会代議員**」は、

１、その必要性に応じ、この「人類院特別声明」をその『趣意当該者（当該国・当該団体・当該個人）、すなわちA国政府やA国国民および関連各国等』に対して伝達し、かつ、その趣意を説明しもしくは勧告しもしくは説得することにより、

２、「A国の核実験実施に関する政治的問題およびまたこの問題に関連して派生される核軍縮問題・核拡散防止問題等の諸問題」の解決に努める。

（３）

この結果、すなわちこの**【人類院特別声明の創出創造】**により、

１、人類は、

イ、従来における「個人・知識人や市民諸団体等が上げる（必ずしも国際統一的であったとは言いがたい）声々」よりもはるかに巨大かつ強力な主張力・説得力を持った**【人類の声・人類の意思】**。

を手に入れることができ、

２、もって、A国に対しては、「以後の核実験の停止や核武装の放棄」に関する

イ、『人類の意思』としての**【権威性のある思想的心理的圧力】**。

をかけることができ、「これらの核関連諸問題に対するいちだんと有効な解決策」を見出すことができることとなる。

「6」

（1）

【人類院声明（人類院特別声明）】は、

1、「趣意当該者（当該国・当該団体・当該個人）に対する**【勧告機能】**」は保有するが「権力的命令機能すなわち受容強制機能」を保有するわけではないので、この『声明の表明』がなされたからといって必ずしも事態をその主張どおりに直接的に解決しうるわけではないが、

イ、「当該の問題」を解決すべく『全人類にとっての最高の英知と良心を保有する知性人』を結集しての合議に基づいて形成された『声明（思想主張）』。

が必然的に備え持つその

ロ、人類全体に対する強大な**【知的権威性のある啓発機能】**。

ゆえに、

2、従来のような「各国（地方自治体）や有志としての各国市民・市民団体等が任意的単発的に当該問題に対する意思表明を行なっていた手段方法」に比して格段に明確かつ強力な

イ、「汎人類的汎世界的統一性」のある**【国際世論の形成】**。

を成すことが可能となり、

3、この**【汎人類的汎世界的国際世論の力】**により、「当該の問題に対する効率的かつ実効的な解決がなされる」ということである。

（2）

「各国における核実験問題」に関しては、

1、従来においては、実験がなされるたびに、日本国も日本国民も（およびまた諸外国・諸外国民も）ただちに「当事国に対する抗議の声」を上げはしていたが、『当事国の利害国益を根拠とする強固な国家意思』の前には、弁明の言を引き出すことはできても肝心の「核実験（核保有）の意思を放棄させる」ことはできはしなかった（もとより抗議されて放棄する程度のことだったら実験そのものも行なわなかったであろうから、やむをえないことではあったが）。

2、また、「国際的な政治的問題・社会的問題を解決するために頼るべき唯一の国際機構」として機能すべき**【国連】**にしても、

イ、「安保理常任理事五大国の核保有の継続」という現実。

ロ、その「五大国」が「拒否権行使等の特権」を使って国連運営（安保理運営）を牛耳っている事実。

を前提としての各国の利害関係や外交的思惑の交錯のなかでは、「核保有諸国におけるその核保有を断念させうる実効的対策はほとんどとることができなかった」のが実情である。

3、もとより、こうした状況下においても、「非核諸国家のみならず反核を主張すべき各国の市民や諸団体」においては、

「核実験の停止や核軍縮に熱意のない保有当事国に対する批判非難や抗議の声を絶え間なく

上げ続けること」

が必要であることはいうまでもないが、

4、「ただ声を上げ続ける」というだけでは、せっかくの発言や行動もそれが反復されるほどにいつしか惰性的性格を持ったものとなってしまい、「そのつどの抗議の〝儀式〟に終わってしまうという難が生じる事実」も否みえない。

5、すなわち、「市民や諸団体における非難や抗議の声」を『実効性のある〝**強い声**〟』にするためには、「その想いを実際的説得力・説得圧力に変えることのできる具体的な手段方法を考え出すことが必要である」ということであるが、

6、この「市民や諸団体におけるその政治的社会的想いを実際的説得力・説得圧力に変えることのできる具体的な手段方法」として構想されたのが

イ、「**人類院**」による**【人類院会議の開催】**と**【人類院声明（人類院特別声明）の表明】**という手段方法。

であるにほかならないということである。

七、「人類院会員投票」の実施

『1』

人類社会において**【（「人類院会員投票の投票主題」となるべき）**汎地球的・汎人類的・汎世界的意義を保有する政治的問題・社会的問題**】**が発生した場合、

1、**【人類院】**は、

【人類院会員投票】

を実施することにより、

2、当該の政治的問題・社会的問題にかかわる【人類院会員の総会員的世論調査】を行ない「汎人類的国際世論の概括的状況」を表出させかつ公開し、もって、

【広範な汎人類的汎世界的な国際世論】

を形成し、「当該の政治的問題・社会的問題の解決」に資するものとする。

『2』

【人類院会員投票】は、『以下の「1」～「4」における第一～第四段階の各段階に示す諸作業』に従って行なわれる。

「1」

1、第一段階（**人類院会員投票実施の要請**）

1、「**人類院会員**」は、

イ、『人類院会員投票』を実施することによって解決に資してほしいと希望する「汎地球的・汎人類的・汎世界的意義を保有する政治的問題・社会的問題」が発生した場合には、人類院会員として、「人類院（人類院会議情報部）」に対し、

ロ、『当該の政治的問題・社会的問題の解決に資するための人類院会員投票』の実施を要請することができる。

2、「**人類院会議情報部**」は、

イ、人類院会員から人類院に対して寄せられる「1の人類院会員投票実施の要請」に関しては、この要請を受理整理し、その要請状況を「人類院会議運営委員長」に対して定時もしくは臨時に報告する。

3、また、「**人類院会議情報部**」は、つねに、

イ、「人類院会員投票を実施することによってその解決に資するべきである」と思われる「汎地球的・汎人類的・汎世界的意義を保有する政治的問題・社会的問題」に関する諸情報。の収集と管理に努め、収集しえた諸情報を「人類院会議運営委員長」に対して定時もしくは臨時に報告する。

「2」

2、第二段階 **（人類院会員投票実施の可否の審議）**

（1）

1、「人類院会議情報部から報告された『「1」の2・3の報告』を受けた人類院会議運営委員長」における

イ、「当該の政治的問題（もしくは社会的問題）はその解決に資するために人類院会員投票を実施する必要性の可能性のある政治的問題（もしくは社会的問題）である」との認定。に基づき、

2、「**人類院会議運営委員長**」は、ただちに「人類院会議運営委員」を召集し、**【人類院会議運営委員会】**を開催する。

（2）

「**人類院会議運営委員会**」においては、

1、まず、「当該の政治的問題・社会的問題」に対し、
イ、「この政治的問題・社会的問題の解決に資するための人類院会員投票」を実施するか否かの**『その可否の審議』**。
を行なう。

「3」
3、第三段階（**人類院会員投票実施の決定**）
「第二段階における人類院会議運営委員会での審議」の結果、『（当該の政治的問題・社会的問題の解決に資するための）**人類院会員投票の実施**』が決定された場合、
1、「人類院会議運営委員会」は、引き続き
イ、「当該の人類院会員投票実施のための**【人類院会員投票実施趣意書】**」の作成。
ロ、投票主題・投票選択肢および告知期間・投票期間等の実施要項の決定。
を行なう。

「4」
4、第四段階（**人類院会員投票の実施と投票結果の発表**）
（1）
1、「**人類院会議運営部**」は、

イ、「第三段階の決定」に従い、「その1のイ・ロの事案」を公開し、
ロ、当該の『人類院会員投票の実施』を公告し、かつ、これを実施し、
ハ、「その投票結果の集計と発表」を行なう。

（2）

1、「**人類院**」は、「当該の人類院会員投票の『**投票結果**』」を、「人類院会員の総会員的世論調査の調査結果」として人類社会に公開し、
イ、「当該の政治的問題・社会的問題」を解決するための『**汎人類的汎世界的な国際世論の形成**』に資するものとする。

2、「**人類院会員**および**人類の各員**」は、「当該の人類院会員投票の『**投票結果**』」を資料とし参考として、
イ、「当該の政治的問題・社会的問題に対する自身の意思形成」等を行ない、「当該の政治的問題・社会的問題の解決」に寄与する。

『3』

【人類院会員投票】は、「以下のイ～への六種の前提条件の成立」を前提として実施されるものとする。
イ、「人類院会議運営委員会における実施決議」に基づき人類院会議運営部が実施し「人類院会員の総員が投票有資格者となって実施される投票」であること。

ロ、「実施目的」は、
「当該の政治的問題・社会的問題にかかわる**【人類院会員の総会員的世論調査】**を行ない『汎人類的国際世論の概括的状況』を表出させかつ公開し、もって『**広範な汎人類的汎世界的な国際世論**』を形成し当該の政治的問題・社会的問題の解決に資すること」

とすること。
ハ、「人類院会員に対する会員登録」が『電子登録』によって万全に行なわれており、かつ、「投票有資格者となるべき人類院会員の本人確認」が『電子技術的に確実に行なわれる』こと。
ニ、「投票方式は電子投票方式」とし、かつ、「投票有資格会員に対する投票趣旨の伝達と告知」および「投票者による投票結果の表示」が『電子技術的に誤りなく明確に行なわれる』こと。
ホ、「人類院会議運営部における投票結果の集計作業および集計結果の発表」が公正かつ正確に行なわれること。
ヘ、「投票結果における機能と性格」に関しては、『当該投票事案にかかわる人類院会員に対する総会員的世論調査の結果』として公表されるものとし、「投票趣旨関連者」に対する『汎人類的国際世論としての説得機能』は保有しても『受容強制権能』は保有しないこと。

『4』
（1）
ただし、

【人類院会員投票】とは、
【人類院が主催して実施される「人類院会員による投票行為およびその実務作業」で、1、「人類院会議運営委員会における実施決議」に基づき人類院会議運営部が実施し『人類院会員の総員が投票有資格者となって実施される投票行為』として、
2、「汎地球的・汎人類的・汎世界的意義を保有して生起した当該の政治的問題・社会的問題にかかわる『人類院会員の総会員的世論調査』を行ない『汎人類的国際世論の概括的状況』を表出させかつ公開し、もって広範な『汎人類的汎世界的な国際世論』を形成し当該の政治的問題・社会的問題の解決に資すること」
の目的のもとに実施され、
3、「実施のための前提条件」としての
イ、「人類院会員に対する会員登録」が『電子登録』によって万全に行なわれており、かつ、「投票有資格者となるべき人類院会員の本人確認」が『電子技術的に確実に行なわれる』こと。
ロ、「投票方式は電子投票方式」とし、かつ、「投票有資格会員に対する投票趣旨の伝達と告知」および「投票者による投票結果の表示」が『電子技術的に誤りなく明確に行なわれる』こと。
ハ、「人類院会議運営部における投票結果の集計作業および集計結果の発表」が公正かつ正確に行なわれること。
ニ、「投票結果における機能と性格」に関しては、『当該投票事案にかかわる人類院会員に対する総会員的世論調査の結果』として公表されるものとし、「投票趣旨関連者」に対する『汎

人類的国際世論としての説得機能』は保有しても『受容強制権能』は保有しないこと。

の四種の条件が満たされていることを前提として実施される

4、人類院会員による投票行為およびその実務作業。】

をいう。

（2）

（注）。

【人類院会員投票】は、

1、「汎地球的範囲に及ぶ人類院会員としての（時代によってその会員数に増減はあるであろうが、）『数千万人から数億人程度の投票参加者』」によって実施される【人類社会最大級の統一的意思表現行為】であり、

イ、その投票結果が「汎人類的汎世界的国際世論の形成」およびまた「投票趣旨に関連する国家・団体・個人等の政治主体・社会主体における意思形成や諸判断」に対して及ぼす心理的影響。

はいうまでもなく甚大であり、したがってまた、

ロ、「当該の政治的問題・社会的問題の解決」に果たす**役割と機能・作用**。

もまた強大であることは十分に想定しうるところである。

『5』

「**【人類院会員投票】**の実施に関する**具体的な事例**」としては、
イ、「A国が核実験を行なった場合」における『人類院会員投票』の実施。
としての『以下の「1」〜「3」の事例』が考えられる。

「1」
『**A国が核実験を行なった問題事態**』に対して、
1、「人類院会員」から人類院（人類院会議情報部）に対して寄せられる
イ、当該の問題事態を解決するための「人類院会員投票実施の要請」。
に基づき、
2、もしくは、「人類院会議運営委員長」の
イ、「この事態は、『その対処のための人類院会員投票』を実施する必要性の可能性のある問
題事態である」との認定。
に基づき、
3、「人類院会議運営委員長」は、ただちに「人類院会議運営委員」を召集し、
【人類院会議運営委員会】
を開催する。

「2」

（1）

「**人類院会議運営委員会**」においては、

1、まず、「『この問題事態に対処するための人類院会員投票』を実施するか否かの『**その可否の審議**』」を行ない、

2、「『A国が核実験を実施した事態』は、人類にとっての重大な政治的問題とされるべき事態であり、【人類院会員投票】を実施し『人類院会員の総会員的世論調査』を行ない『汎人類的国際世論の概括的状況』を表出させかつ公開し、もって『**広範な汎人類的汎世界的な国際世論**』を形成し当該の問題の解決に資するべき問題事態である」との判定が下され、【**人類院会員投票の実施**】が決定された場合、

3、「**人類院会議運営委員会**」は、引き続き、

イ、当該の人類院会員投票実施のための【**人類院会員投票実施趣意書**】の作成。

ロ、投票主題・投票選択肢および告知期間・投票期間等の実施要項の決定。

を行なう。

（2）

「**人類院会議運営部**」は、

1、（1）の決定に従い、

イ、当該の【**人類院会員投票**】。

すなわち、

ロ、【人類院会員投票・第〇〇〇号
『「A国核実験実施問題」に関する人類院会員投票』】

を実施し、

2、「その投票結果の集計と発表」を行なう。

（3）

「**人類院広報部**」は、

1、『当該の人類院会員投票の投票結果』に対しては、ただちに文書・映像・音声等からなる多様な媒体を駆使してこれを人類社会に広報し、人類院会員および全人類に対するその趣旨に関する【**思想的啓発**】を行なう。

（4）

「人類院会員および人類の各員およびまた諸団体・諸国家」等は、

1、「当該の人類院会員投票の投票結果」を資料とし参考として、

イ、「A国が核実験を実施した事態に対する自身や団体・国家における意思形成および世論形成」等を行ない、

ロ、「イにおいて形成された意思および世論等に基づいての諸行動」等を行なうことにより「A国が核実験を実施した事態に関連する政治的諸問題の解決」に寄与する。

「3」
(1)
『「2」における**人類院会員投票**』に関しては、
1、「一週間から一カ月程度の期間を告知期間」とし、かつ、「一週間程度の期間を投票期間」として、
イ、「A国の核実験」に賛成か反対か。
ロ、「各国がA国に対する経済的・政治的・文化的制裁を行なうこと」に賛成か反対か。
ハ、「核保有諸国における核軍縮と核廃絶」に賛成か反対か。
等の「投票選択肢」からなる『人類院会員投票』が行なわれ、
2、おそらくは、
イ、「A国の核実験」に反対(圧倒的多数)。
ロ、「各国がA国に対する経済的・政治的・文化的制裁を行なうこと」に賛成(賛否は近接するかもしれない)。
ハ、「核保有諸国における核軍縮と核廃絶」に賛成(圧倒的多数)。
といった投票結果が出されるはずである。
(2)
「(1)における投票結果」は、**【人類院会員に対する総会員的世論調査の結果】**であり、した

がってA国や核保有諸国に対して「その受容（投票結果に従うこと）を強制すること」はできないが、

1、「**この投票結果**」は、

イ、「汎地球的範囲に及ぶ人類院会員としての数千万人から数億人もの投票参加者」によって実施された**【人類社会最大級の統一的意思表現行為】**の結果。

ロ、すなわちまた、**【「汎人類的国際世論」としての十分なる実態性と権威性】**をもって表出された結果。

であるがゆえに、

2、「この投票結果が明確に示す賛否の思想主張」が、

イ、A国や核保有諸国における核政策に対して及ぼす『**牽制作用**』および核軍縮と核廃絶に向けて及ぼす『**圧力作用**』。

ロ、「核軍縮を推進し核拡散に反対し核廃絶を志向する汎人類的汎世界的国際世論の形成と盛り上がり」に及ぼす『**誘導作用と激励作用**』。

には、十分なる効果が期待できるはずであり、

3、この「人類院会員投票の実施と投票結果の公開」によって、人類は、

イ、『核（核兵器）のない世界』という汎人類的理想社会の実現。

に向けて人類社会をいちだんと前進させることが可能となるはずである。

『6』

（1）

イ、『六、「人類院会議」の開催と運営』の『3』。

ロ、『七、「人類院会員投票」の実施』の『5』。

において述べたように、

「A国が核実験を行なった問題事態」に対しては、

1、この問題事態は「人類にとっての重大な政治的問題とされるべき事態」であるがゆえに、

2、『人類院（人類院会議運営委員会）』は、当然、「当該問題の解決」を主題とし目的としての

イ、**【人類院会議】**の開催。

ロ、**【人類院会員投票】**の実施。

を同時並行的に実行し、

3、もって、「当該問題の解決」のみならず『核実験阻止・核拡散防止・核軍縮推進・核廃絶達成等の核関連諸問題の解決』に尽力するものである。

（2）

（注）。

1、おそらく『**人類院会議の結論**と**人類院会員投票の結果**』は、主張趣旨的には「A国の核実験に反対する趣旨」でもって一致もしくは近接類似し合うはずであり、

2、したがって、双方は〝**相互補完的相乗効果的に**〟その主張趣旨を高め合い、また、「その開催と実施の意義」をともに確かなものとし合うことになるはずである。

『7』

「いかなる超大国・大国」といえども、その【**汎人類的知性存在としての権威**】に関しては、【**人類院**】を超えることはできない。

したがって、たとえば、超大国や大国が「対立する国家に対して『不当性の成立する軍事的攻撃を企図する事態』」が発生した場合、

（『6』の場合と同様に）

1、「人類院」がその是非を問うべく

イ、【**人類院会議**】の開催。

ロ、【**人類院会員投票**】の実施。

を同時並行的に実行し、ともに「この軍事的攻撃を非難する結果」を得たのち「この事実を当該超大国や大国に突きつけた」とするならば、

2、おそらく「いかなる超大国や大国」といえどもこの【**人類の意思・人類の声**】に対しては容易にはこれを無視することはできず、もってこの「不当な軍事的攻撃」を断念せざるをえなくなる可能性が大となるはずである。

3、すなわち、

イ、【人類院会議の開催】と【人類院会員投票の実施】。

ロ、したがってまた、『人類院の存在と機能』。

は人類にとっての
【核実験や不当な戦争行為その他の問題事態発生の事前防止】
にも十分に役立つこととなるものである。

八、「人類院賞」の選考と授与

『1』
(1)
『人類院』は、
1、**『人類にとっての英知と良心の府』**として、
イ、「人類社会の知的進化」もしくは「人類万民の至福の形成」もしくは「汎人類的汎世界的重要問題の解決」に『最も顕著かつ多大の貢献を成した個人もしくは団体』。
に対しては、
2、「各知的分野別」に、
イ、その「業績」を評価し賞賛し、
ロ、その「偉業」を人類社会と人類の総員に向けて顕彰し、
ハ、その「活動」を支援すべく、

【人類院賞】

を授与する。

（２）

【人類院賞】は、

１、「選考対象年の範囲」に応じて、

イ、「『授与年度（毎年度）の三年度前年度の一年間（例。授与年度が西暦年度の２０３５年度である場合には「西暦２０３２年1月1日から２０３２年12月31日までの1年間の期間」）』における業績を選考対象として毎年度に授与する賞」

としての**【人類院賞単年度賞】**。

ロ、「『授与年度（西暦年度の末尾が０である年度）の十年度前年度までの十年間（例。授与年度が西暦年度の２０４０年度である場合には「西暦２０２１年1月1日から２０３０年12月31日までの10年間の期間」）における十年代』における業績を選考対象として十年度ごとに授与する賞」

としての**【人類院賞十年代賞】**。

の二賞とする。

２、ただし、「授与年度と業績年度」において、イ、**【人類院賞単年度賞】**の場合は、二年以上の期間。

ロ、**【人類院賞十年代賞】**の場合は、十年以上の期間。

を設けるのは、「当該の業績に係る価値判断および正当判断における歴史的未確定性」を考慮し『その判断過誤』を最大限に防止し排除するためである。

3、その**『顕彰部門』**は、「人類における可能なかぎり多方面多分野の知的活動」を顕彰対象とするものとし、もって

イ、**政治部門・学術部門・文化部門・実業部門・医学部門・民生部門**。

の六部門とする。

（3）

【人類院賞】は、

1、「顕彰部門としての各部門」においてそれぞれ

イ、人類社会の知的進化。

ロ、人類万民の至福の形成。

ハ、汎人類的汎世界的重要問題の解決。

のいずれかの業績において「最も顕著かつ多大の貢献を成した個人もしくは団体」に対して授与する。

2、ただし、

イ、**『個人』**とは、「一名もしくは共同業績者としての複数名」とする。

ロ、『**団体**』とは、「一団体」とする。

（4）

【人類院賞】は、

1、「人類院大学院内における『人類院賞選考委員会』」が年度定期的にこれを選考し決定する。

2、「人類院総会」の承認を経て「人類院総長」が「人類院式典会場」において授与する。

3、『受賞者（個人もしくは団体）』には「**賞状・賞牌および所定額の賞金**」が贈呈される。

（5）

「**人類院賞における賞金**」に関しては、

1、「**【**汎人類的知性機構としての人類院が授与する賞**】**」としての〝格式〟を考慮し、

イ、「人類院」における『**人類にとっての英知と良心の府としての最高度の権威性**』。したがってまた、

ロ、「人類院賞」における『**汎人類的顕彰賞としての最高度の栄誉性と権威性**』。を十分に保障しうる『**相応の賞金額**』を贈呈するものとし、

2、具体額としては、『日本円』をもってこれを決定し、「各顕彰部門」のいずれにおいてもとする。

イ、**【**人類院賞単年度賞**】**は「一**億円**」。

ロ、**【**人類院賞十年代賞**】**は「二**億円**」。

（6）

「人類院賞における**『賞状・賞牌および賞金』の贈呈**」に関しては、

1、「受賞該当者が生存している場合」は、「本人」に対して『賞状・賞牌および賞金』が贈呈される。

2、「受賞該当者が死去している場合」は、「遺族もしくは重要関係者」に対して『賞状・賞牌』が贈呈される。

3、「共同業績者としての複数名の受賞該当者」においては、

イ、「受賞該当者が生存している場合」は、「本人」に対して『賞状・賞牌および「生存している受賞該当者の人数で等分した賞金」』が贈呈される。

ロ、「受賞該当者が死去している場合」は、「遺族もしくは重要関係者」に対して『賞状・賞牌』が贈呈される。

4、「受賞該当団体が存続している場合」は、「当該団体」に『賞状・賞牌および賞金』が贈呈される。

5、「受賞該当団体が解散している場合」は、「当該団体の旧代表者もしくは重要関係者」に『賞状・賞牌』が贈呈される。

（7）

「人類院賞における**【汎人類的顕彰賞】**としての権威」を確立するために、

1、「人類院賞における公正なる選考」を保障すべく

イ、**人類院賞選考委員**。

ロ、**人類院賞選考過程**。
　に関しては、
2、「授与年度から二十年間」はこれを非公開とし、「**授与年度から二十年後**」にこれを公開するものとする。

『2』
（1）
イ、「人類院賞における顕彰部門としての『政治部門・学術部門・文化部門・実業部門・医学部門・民生部門』の各部門における『**顕彰対象となるべき具体的業績**』」すなわち【**顕彰基準**】。
に関しては、以下の（2）における1～6のとおりとする。
（2）
1、「【**政治部門**】における顕彰基準」に関しては、
イ、「内政分野」における政治体制・社会体制の革新および民生状況・人権状況・経済状況・財政状況等の諸状況の改善。
ロ、「外交分野」における軍事・貿易・資源・国交等にかかわる重要問題の解決。
ハ、戦争・軍事紛争・内戦等の実際的解決および国際的国内的平和の創出。
　等の『**国内政治や国際政治にかかわる分野における顕著な業績**』とする。
2、「【**学術部門**】における顕彰基準」に関しては、

イ、「物理・化学・数学・地学・天文学・生物学・情報科学等の理系学術の分野」における独創的理論の創造もしくは革新的な原理・事物の発明発見や重要な事象・現象の発見。

等の『**理系学術上の理論形成や発明発見にかかわる分野における顕著な業績**』とする。

3、「**【文化部門】**における顕彰基準」に関しては、

イ、「哲学・文学・宗教・美術・音楽・映像・演劇・運動競技等の文系学術・芸術や文化的活動の分野」における独創的創造の達成もしくは汎人類的影響性の確立および超絶的大記録の樹立。

等の『**文化的な学術や活動にかかわる分野における顕著な業績**』とする。

4、「**【実業部門】**における顕彰基準」に関しては、

イ、「経済学・経営学の分野」における独創的な理論や方法の創造。

ロ、汎世界的規模となる先見的新産業の創出や起業。

ハ、効率性利便性の高い工学技術・産業技術の発明発見および実業的実施。

ニ、「農林業・水産業等の一次産業分野」における新品種の発見創出や生産性効率性の向上。

ホ、労働問題や雇用問題に対する実際的解決。

等の『**経済や産業・労働にかかわる分野における顕著な業績**』とする。

5、「**【医学部門】**における顕彰基準」に関しては、

イ、「医学・薬学の分野」における独創的理論の創造もしくは革新的な原理や重要な事象・現象の発見。

ロ、「医療の分野」における画期的な新薬や治療技術の開発。

ハ、汎世界的疫病等に対する予防や治療および根絶。

等の『**医学・薬学や医療にかかわる分野における顕著な業績**』とする。

6、「**【民生部門】**における顕彰基準」に関しては、

イ、「社会保障・福祉・環境・人権・教育等の民衆の生活と生存にかかわる分野」におけるその「民衆における生活的生存的至福の形成と享受のための制度・体制・法の整備や改善」およびその「民衆における生活的生存的至福の形成と享受のための社会活動的貢献」。

等の『**国民・地域民もしくは人類全体の民生にかかわる分野における顕著な業績**』とする。

『3』

「**【人類院賞】【人類院賞単年度賞】【人類院賞十年代賞】**の定義」に関しては、以下の（1）～（3）のとおりである。

（1）

【人類院賞】とは、

【人類院が『人類にとっての英知と良心の府』として「人類社会における各知的分野において活動する個人もしくは団体」に対して「その業績を評価し賞賛しその偉業を人類社会と人類の総員に向けて顕彰しその活動を支援すべく選考し授与する賞」で、

1、「授与年度の別」に応じて、

イ、人類院賞単年度賞

ロ、人類院賞十年代賞

の二賞からなり、

2、いずれの賞においても「人類院大学院内における『人類院賞選考委員会』」がこれを選考選出し、『人類院総会』の承認を経て『人類院総長』が『人類院式典会場』においてこれを授与し、

3、「『顕彰部門としての政治部門・学術部門・文化部門・実業部門・医学部門・民生部門の各部門』においてそれぞれ

イ、人類社会の知的進化。

ロ、人類万民の至福の形成。

ハ、汎人類的汎世界的重要問題の解決。

のいずれかの業績にかかわる『最も顕著かつ多大の貢献を成した個人もしくは団体』に対して授与する賞」

として、

4、受賞者それぞれに「賞状・賞牌および所定額の賞金」を授与する賞。】

をいう。

（2）

【人類院賞単年度賞】とは、

【『人類院賞』の一で、

1、「『授与年度（毎年度）の三年度前年度の一年間』に『顕彰部門としての政治部門・学術部

門・文化部門・実業部門・医学部門・民生部門の各部門』においてそれぞれ
イ、人類社会の知的進化。
ロ、人類万民の至福の形成。
ハ、汎人類的汎世界的重要問題の解決。
のいずれかの業績にかかわる『最も顕著かつ多大の貢献を成した個人もしくは団体』」
に対して授与する
2、人類院賞。】
をいう。
{注。
1、「【人類院賞単年度賞】の選考対象年の範囲の例」としては、
イ、『「授与年度が西暦年度の2035年度」である場合には「西暦2032年1月1日から2032年12月31日までの1年間の期間」』における顕著な業績。
を選考対象とする。
2、「【人類院賞単年度賞】の正式名称」は、(「『2035年』に選考授与される政治部門賞」の場合の例)
イ、【人類院賞単年度賞「2035年度顕彰『2032年度政治部門賞』」】。
とする。}
(3)

【人類院賞十年代賞】とは、
【『人類院賞』の一で、
1、「『授与年度（西暦年度の末尾が0である年度）の十年度前年度までの十年間（西暦年における十年代）』に『顕彰部門としての政治部門・学術部門・文化部門・実業部門・医学部門・民生部門の各部門』においてそれぞれ
イ、人類社会の知的進化。
ロ、人類万民の至福の形成。
ハ、汎人類的汎世界的重要問題の解決。
のいずれかの業績にかかわる『最も顕著かつ多大の貢献を成した個人もしくは団体』」に対して授与する
2、人類院賞。】
をいう。
｛注。
1、「【人類院賞十年代賞】の選考対象年の範囲の例」としては、
イ、『「授与年度が西暦年度の2040年度」である場合には「西暦2021年1月1日から2030年12月31日までの10年間の期間」としての十年代の期間』における顕著な業績。
を選考対象とする。
2、「【人類院賞十年代賞】の正式名称」は、（「『2040年』に選考授与される政治部門賞」の

場合の例）

イ、**【人類院賞十年代賞「２０４０年度顕彰『２０２０年代政治部門賞』」】**。とする。｝

九、人類院の「実際的具体的な有用性」

『1』

（1）

「人類院の創設」にかかわる有志が人類社会・国際社会において**【人類院の創設運動】**を展開し推進するに際しては、また、人類院が**【人類院運動】**を展開し推進するに際しては、単に、

イ、「人類社会において汎地球的・汎人類的・汎世界的意義を保有して生起する政治的諸問題・社会的諸問題」に対し『人類院会議』を開催し【人類の意思】を創造することによってこれを汎人類的規模で効率的かつ体系的に解決し、もって**【人類の意思的統合】**を成し遂げ実現する。

ロ、「汎人類的知性情報に関する登録・保存・公開にかかわる中枢的管理」および「知性主体と知性情報に関する汎人類的汎世界的な情報網・連絡網・連携網の形成と機能にかかわる拠点的

活動」を行ない、もって**【人類の知性的統合】**を成し遂げ実現する。

ハ、『人類の意思的統合と知性的統合』を成し遂げ実現し、もって**【人類大統合】**を成し遂げ実現することにより、「人類社会の総体における究極理想の政治社会・人間社会の構築」に寄与貢献し「人類の総員における政治的社会的人間的至福の万全なる享受」に寄与貢献する。

とかの『観念としての理想論』を唱えるだけでは、その「創設」に向けて、また、「人類院会員の獲得」に向けて人類を万全に説得することはできない。

〔注。**【人類の知性的統合】**については、「本節（第二節）」の『第二項・人類院における「知性情報登録実務」』を参照。〕

（2）

すなわちまた、全人類的規模で人々を**【人類院の創設】**に向かわせ、また、**【人類院会員】**とさせるためには、なによりもまず全人類に対して、

イ、人類院が持つ『**実際的具体的な有用性**』。

ロ、すなわち、『人類院という汎人類的知性機構』が人類にとって実際的具体的にいかに役に立つか。

を説く必要があり、

「**この有用性の裏付けがあっての理想**」を語ってこそ、「人類院の創設と人類院会員の獲得に向けて汎人類的規模での民意人心の賛同を得ること」が可能となる。

『2』

この**【人類院が具有しまた具有すべき実際的具体的な有用性】**については、
イ、以下の『5』『6』『9』『10』『11』において述べる諸点。
を指摘することができる。

『3』

（1）

「人類社会において汎地球的・汎人類的・汎世界的意義を保有して生起する政治的諸問題・社会的諸問題を発生させる二大要因」は、
イ、「**個人**」と「**国家**」。
である。
したがって、「これらの政治的諸問題・社会的諸問題を効率的かつ体系的に解決する」ためには、
人類は、汎人類的・汎世界的規模で、
ロ、「これらの政治的諸問題・社会的諸問題を発生させる二大要因である『個人』および『国家』におけるその政治的活動・社会的活動にかかわる意識や思想・行動」。
をその解決に向けて効果的に**【誘導し制御する】**必要がある。

（2）

（注）。
人類社会においては、
1、「政治的活動・社会的活動にかかわる意思体で**個人と国家以外の意思体**」としては、
イ、「企業や政治団体・労働団体・宗教団体・学術団体・文化団体・市民団体等」の**諸団体**。
が存在し、かつ、これらの諸団体もまた「人類社会に政治的諸問題・社会的諸問題を発生させる要因」であるが、
2、一般に、「これらの諸団体の性格や行動」は『法』によって「（その拘束力の強弱に差異はあるがおおむね）国家の意思の制御下」にあり、かつ、「その意思」はなによりも『構成員である個人それぞれの意思』によって形成され決定されるものである。
3、したがって、
イ、「これらの諸団体の政治的活動・社会的活動にかかわるその意識や思想・行動」に対する『誘導と制御』。
は、原理的にも実際的にも、
ロ、「個人および国家における政治的活動・社会的活動にかかわるその意識や思想・行動」を誘導し制御すること。
によって十分に可能である。

『4』

（1）

国際社会においては、

イ、「国家における政治的活動・社会的活動にかかわるその意識や思想・行動」を直接的もしくは間接的に誘導し制御する汎世界的政治機構。

としては、すでに、

ロ、『**国連**』すなわち【**国際連合**】。

が存在する。

（2）

「**国際連合**におけるその**構成単位**」はもとより『**国家**』であり、かつ、国際連合は「**国家の連合機構**」として、

イ、国際社会および各国家間における政治的諸問題・社会的諸問題に対するその解決のための調停や裁定。

ロ、国際社会および各国家間における相互の協調協力関係の形成や全国家の合意による全世界的規模での意思形成。

の両機能をその主機能とする活動により、国際社会において「国家の意識や思想・行動を原因として生起する政治的諸問題・社会的諸問題の解決」に相応に有効に機能し作用している。

（3）

半面、『**国際連合という国際政治機構**』には、

１、「その構成単位が国家である」がゆえに、また「**構成各国間の国力の大小強弱における著しい差異**」ゆえに、当該の政治的問題・社会的問題にかかわる当事国間の力関係や利害関係によってその意思形成や行動が制限され、ときには無力化されてしまい、
イ、構成各国に対する政治的真理・政治的正義・政治的良心およびまた社会的真理・社会的正義・社会的良心の『**公平なる適用**』を行なうことのできない難点。
が存在する。

（４）

たとえば、「大国や超大国と呼ばれる国家」が、
イ、「小国・弱小国」に対して「不当な軍事介入」を行ない、かつ、その介入内容を本格化・長期化させた場合。
あるいは、
ロ、その内政において「人権問題・民族問題・宗教問題等における抑圧や弾圧その他の反人道的行動等の不当な行動」を行なった場合。
のいずれの場合においても、
１、「当該の大国や超大国と友好的関係にある国家、あるいは当該の大国や超大国による経済的軍事的思想的支配や強い利害関係下・影響下にある国家」においては、「当該の大国や超大国の行動を非難したりこれに反対すること」は一般的には**困難**であり、
２、しかも、「当該の大国や超大国との利害の共有国」は多数であるがゆえに、「国際連合の意思

として当該の大国や超大国の行動を非難したりこれに反対すべくその『議決』を行なう場合」においても、必ずしも多数国の賛同を得られるとはかぎらず、「これらの大国や超大国の横暴や不正義に対して『国際連合の意思としての牽制や制裁』を行なうことが**不可能な場合**」も多々ありうる。

さらには、

ハ、「大国のみならず中小国も含めての多数の国家」が「共通的に不当な国家行動」を行なった場合、例えば内戦地域・軍事紛争地域に対する兵器の競争的対抗的供給を行ない、その戦争戦闘状況を激化させ泥沼化させた場合。

においても、

3、「これらの多数国の全体における国際連合の意思形成に果たす力関係が相対的に強大である場合」には、国際連合においては、「その意思としてこれらの諸国のこの不当な行動を牽制したり制限し阻止したりすることが**不可能となる場合**」もある。

（5）

すなわち、「**【国際連合】**という国家連合機構」は、

イ、「その構成単位が『国家』である」という絶対的前提事実。

を原因要因に、「国際社会におけるその政治的諸問題・社会的諸問題に対する解決能力」において

【明白な有効性と限界性】

を併存させている。

『5』

『4』において述べたような

イ、「国家の連合機構である国際連合」が組織原理的に保有せざるをえない『国際社会における

その政治的諸問題・社会的諸問題に対する**解決能力上の限界性**』。

に対しては、

1、「人類院と国際連合」が

【その機能を補完し合う】

ことによってこれを克服することが可能となるものであり、

2、その

イ、人類院における**【『国際連合』との相互補完的有用性】**に関する考察。

に関しては、以下の（1）～（4）のとおりである。

（1）

「人類院」においては、その構成単位は『**個人**』であるが、

1、「個人」は、国際社会において必ずしも「国家」のように他者との強い政治的力関係や利害

関係を保有して存在しているわけではない。

2、また、「人類院の構成員すなわち人類院会員とりわけ『**人類院会議の出席者**』」は、

イ、その「地球人意識」のもと、「みずからの信じる真理と正義と良心」に基づきみずから以外の個人や集団・国家等に妨げられることなく**自在な発想と意思発現のできる人間存在**。

であり、

3、したがって、

イ、**【これらの意思的独立性と主体性を保有する個人のその意思の集積体】**として形成される『**人類院**』。

もまた、人類社会・国際社会において解決されるべき政治的諸問題・社会的諸問題に対するその「解決意思の形成」において、

ロ、「人類社会・国際社会に存在する国家・集団・個人等を原因とする政治的力関係や利害関係」に拘束されたり影響されたりすることなく**自在に発想し意思発現のできる機構存在**。

である。

（2）

したがってまた、「人類院」は、

1、とりわけ国家における「政治的真理性・政治的正義性・政治的良心性を欠いた行為行動」に対しては、その対象国が超大国たると大国・中小国たるとを問わず、「人類院会議において形成した意思すなわち**【人類院声明・人類院特別声明】**」を

イ、**【人類の意思】**、すなわちまた『**人類にとっての英知と良心の最高度の発現・表現**』。

として主張し、「これを自在に批判し非難しこれに反対すること」が可能であり、

2、さらに、その主張する「**政治思想上・社会思想上の真理性・正義性・良心性**」をもって、

イ、人類および国家を「政治的真理・政治的正義・政治的良心およびまた社会的真理・社会的正義・社会的良心の実現実行」に向けて**【思想的に啓発する】**こと。

により、

「これらの国家」に対し、「その意思や行動を牽制し阻止しまた矯正させるための十分に効果的な**【誘導と制御】**を行なうこと」が可能である。

すなわち、「人類院」は、

3、「人類社会・国際社会において生起する政治的諸問題・社会的諸問題を解決すべく国家の意思や行動を誘導し制御する必要がある場合」においては、

イ、「**国際連合の機能の不備不足**」を補いうる相応かつ十分なる機能と作用。

を保有する。

（3）

半面、「人類院」は、

1、「『国家に比してその資金力や国際的行動力・国際的影響力においてはるかに微弱な能力しか保有しない個人』によって構成される機構である」がゆえに、

2、また、「これらの個人を統治し権力的に政治力化する機構ではない」がゆえに、

3、国際連合のような、その「問題解決のための資金工作面・機構運用面」での

イ、強力かつ組織的実際的な実務行動力・実務執行力。

たとえば、

ロ、加盟各国に対する国際連合決議によるその順守や履行を強制しうる力。

を保有しているわけではない。

（4）

すなわちまた、「人類社会・国際社会において生起する政治的諸問題・社会的諸問題を解決するためのその『機能と作用』」において、

1、「『**人類院**』と『**国際連合**』の二機関」はそれぞれにその**【能力上の異質性と特質】**に留意し、

2、たとえば、

イ、「**人類院**」がその『**理念的解決**』を、

ロ、「**国際連合**」がその『**実務的解決**』を、

と、その機能と作用を

【相互補完的に発揮し合う】

ことによって、「当該の政治的諸問題・社会的諸問題を汎人類的・汎世界的規模で効率的かつ体系的に解決すること」が可能となる。

『6』

またさらに、

イ、人類院における**【国際連合との連携能力的有用性】**に関する考察。

に関しては、以下の（1）～（2）のとおりである。

（1）

『4』『5』における考察と結論より、

「人類院」は、「その実際的具体的な有用性」の一として、

1、「人類社会・国際社会において汎地球的・汎人類的・汎世界的意義を保有して生起する政治的諸問題・社会的諸問題」を解決すべく、

イ、「国際連合では解決することのできない政治的問題・社会的問題」を「国際連合による解決方式とは違った解決方式」すなわち**【理念主導的解決方式】**で解決しうる可能性と能力。

を保有しており、

2、「その解決のための目的と作用」において「国際連合と連携する」ことにより、

イ、**【相乗効果的に】**問題解決をなしうる可能性と能力。

を保有している。

（2）

したがって、『**人類院**』は、人類にとって、

1、『国際連合』と同様にまた国際連合とともに**【車の両輪的存在】**として、

イ、「人類社会・国際社会において汎地球的・汎人類的・汎世界的意義を保有して生起する政治的諸問題・社会的諸問題を汎人類的・汎世界的規模で効率的かつ体系的に解決する」ための『**必要不可欠な存在**』。

である。

『7』

（注）。

（1）

「人類」は、

1、二十一世紀前期の半ば頃（おおむね2020年代の時期）において**【人類院の創設】**に成功するが、

2、さらに、「この人類院による『**世界連合創設勧告**』」に従い、

3、二十一世紀前期の終わり頃（おおむね2030年代の時期）において「国際連合」を廃止し、

イ、「第一世代の国際連盟・第二世代の国際連合に次ぐ『**第三世代の国家連合機構**』」としての**【世界連合】**。

を創設することに成功する。

（2）

したがって、「『4』～『6』において述べた【人類院】と【国際連合】の機能的関係」は、ほぼ「**【人類院】**と**【世界連合】**の機能的関係」として成立するものであり、

したがってまた、**【人類院】**と**【世界連合】**は、

1、「将来的、すなわち二十一世紀前期の終わり頃以後の時点」においては、

イ、「人類社会・国際社会において汎地球的・汎人類的・汎世界的意義を保有して生起する政治的諸問題・社会的諸問題を汎人類的・汎世界的規模で効率的かつ体系的に解決するための『必要不可欠な存在』」としての**【車の両輪的存在】**。

として機能することとなる。

（3）

なお、

「**【世界連合】**の詳細」については、「第三節・『世界連合』の略構想」を参照。

『8』

イ、**【『民間主催の国際会議』の〝無能性・限界性〟】**に関する考察。

に関しては、以下の（1）～（3）のとおりである。

（1）

人類院における『**主活動**（第一機構機能としての活動）』は、

1、「人類社会・国際社会において汎地球的・汎人類的・汎世界的意義を保有して生起する政治的諸問題・社会的諸問題を汎人類的規模で効率的かつ体系的に解決すること」を目的として、その必要に応じての**【人類院会議】**を開催し、

2、「会議の結論としての**【人類院声明・人類院特別声明】**」を『人類院の名』において人類社会

に表明し主張することによって、人類院会員および全人類およびまた国家や団体を「当該の政治的問題・社会的問題の解決に向けて**【思想的に啓発する】**」ところにある。

（2）

一方、従来においても、

イ、これらの政治的諸問題・社会的諸問題のそれぞれを解決することを目的とした『**それぞれの国際会議**（国際連合・国家連合機構および国家を主催者とする国際会議は除く）』は、世界の各国・各地において、

ロ、政治団体・学術団体・公共団体・文化団体・報道機関・市民団体その他の有志諸団体や有志個人等。

を主催者として、

ハ、学識者・政治家・文化人・宗教家・一般市民や政治団体・学術団体・公共団体・文化団体・報道機関・市民団体その他の有志諸団体の代表者等。

の出席のもとに数多く開催されてきた。

（3）

ところが、これらの**【「民間主催」の国際会議】**においては、

イ、これらの政治的諸問題・社会的諸問題を解決するためのその運営方法や活動、また実際的な問題解決能力。

といった点において、概括的には、

『以下の「1」～「9」において指摘するような〝**欠点**〟』

を保有していた。


「1」

「欠点1」

「開催主体・開催議題において統一性・継続性」がなく、かつ、「開催主体の汎人類的汎世界的知名度の低さと会議の汎人類的汎世界的権威性のなさ」から、「会議の結論の人類社会・国際社会に対する説得力」が弱い。


「従来の民間主催の国際会議」においては、
1、いずれの会議も、「その開催の必要性を思いついた政治団体・学術団体・公共団体・文化団体・報道機関・市民団体等の有志諸団体や有志個人」が、主催者としてそれぞれ「開催議題・開催地・開催期日や出席者の人選も含めての諸決定」を任意かつ独自に行なっており、各会議は互いに「議題上の脈絡性や相互連携性」もなく、世界の各地で任意の期日にそれぞれ個別的単発的に（すなわちてんでんばらばらに）行なわれてきた。
2、このため、
イ、「各会議」の『汎人類的汎世界的存在感』。

はいずれも「弱小希薄」でしかなく、

ロ、「近似的系統的議題を持った各会議」がその議題や開催時期において相互に連携し合うことによって「それぞれの主張の人類社会・国際社会に対する説得力」を相乗効果的に増大させ合う。

ということもなかった。

3、また、いずれの会議における「開催主体」もその『汎人類的汎世界的知名度』は低く、このため、「会議の結論の真理性・正義性・良心性とともに『会議の結論の人類社会・国際社会に対する説得力』を形成するために必要不可欠な要素」の一である

イ、会議の**『汎人類的汎世界的権威性』**を確立することができず、

いずれの会議の結論も必ずしも『人類社会・国際社会に対する有効な説得力』を保有していたとはかぎらなかった。

「2」

「欠点2」

「会議の運営機能の主体的設定と会議施設の統合的運用経験」が弱い。

「従来の民間主催の国際会議」においては、

1、いずれの会議も、「その開催の必要性を思いついた政治団体・学術団体・公共団体・文化団体・報道機関・市民団体等の有志諸団体や有志個人」が、主催者としてそれぞれ国際会議場や一般会議場・一般会館施設等において「これを予約し借り切る方法」で開催されており、

2、したがって、主催者自身が主体的に「当該会議場の内外における運営機能」を適正に設定し、かつ、その「運営運用経験」を十分に蓄積しえていたわけではなく、施設運用のその不慣れさゆえに、**『円滑にして最善である会議運営』**を成し得ていたとは言いがたいところがあった。

「3」

「欠点3」

「会議出席者の人選の妥当性」が弱い。

「従来の民間主催の国際会議」においては、

1、『会議出席者の人選』を行なうに際しての「その対象者の適任性に対する情報」において『汎人類的汎世界的な情報収集体制』がなく、

2、したがって、その『**選出**』が「人類にとっての当該の政治的問題・社会的問題を解決するために最善である選出」すなわち『当該の政治的問題・社会的問題を解決するために最適任である人々を結集しえた選出』であったとは言いがたいところがあった。

「4」

「欠点4」

「会議の結論の広報能力・説得能力」が弱い。


「従来の民間主催の国際会議」においては、
1、各会議は、『独自の汎人類的汎世界的規模での**広報体制**』を持っていなかった。
2、このため、「会議の結論の人類社会・国際社会に対する主張や伝達」は、一般マスコミの取材と報道に頼るという『消極的・非主体的な広報活動』しか行なえず、せっかくの会議の結論も、『人類社会・国際社会に対して積極的かつ持続的に訴えかける』ことができなかった。
3、また、各会議は、「会議の結論を『会議内容の対象当事者』に対して直接的かつ持続的に説明し説得しうる『**権威性のある人的体制**』」を保有していたとはいえず、
『会議の結論内容をもってこれらの対象当事者や全人類を啓発し変革する十分な機能と作用』を果たすことができなかった。


「5」

「欠点5」

「会議の記録の保存能力と公開性」が弱い。

「従来の民間主催の国際会議」においては、
1、「『会議の全記録』を保存し広く人類社会・国際社会に向けて公開しまた後世の資料とする」という『発想とその実行体制』が見られなかった。
2、このため、「会議の記録」は関係者内部の資料として保存使用されるにとどまり、「『**人類全体の知的財産**』として広範にまた時代長期的に公開され活用される」ということがなかった。

「6」

「欠点6」

「運営資金面での安定性・継続性」が弱い。


「従来の民間主催の国際会議」においては、
1、必ずしも、「その開催のための安定し継続した『**財源の保障**』」が得られていたとはかぎらず、
2、「資金集めに過大な労力を費したり、また、資金難から『会議の規模の縮小や開催中止、年度的継続の断念』等に至らざるをえなくなった事例」も数多く存在したと推測される。

「7」

「欠点7」

「汎地球的・汎人類的・汎世界的意義を保有してとりわけ突発的に生起した政治的問題・社会的問題に対する即応性と持続性のある対処能力」がない。

「従来の民間主催の国際会議」においては、

1、いずれの会議も、「汎地球的・汎人類的・汎世界的意義を保有してとりわけ『突発的に生起する』であろう政治的問題・社会的問題に備えて『その即応性と持続性のある対処を行なうこと』」を目的とし前提として『常設』されていたわけではない。

2、したがって、いずれの会議も、これらの政治的問題・社会的問題に対する「即応性と持続性のある対処能力」を保有してはおらず、これらの政治的問題・社会的問題に対する『**即応性と持続性のある対処**』を行なうことはできなかった。

「8」

「欠点8」

「国際連合との連携能力」がない。

「従来の民間主催の国際会議」においては、

1、その議事内容や議事行動を「国際連合における同様議題の議事内容や議事行動と『連携させる』」ことによってこの会議の結論の人類社会・国際社会に対する「説得力を増大させうる」

場合であっても、
2、「これらの国際会議の開催主体と国際連合における『**国際組織としての〝格の違い〟**』」から、いずれの国際会議も（〝格が下位〟であるがゆえに）この『**連携**』をなしえず、
3、「会議の結論の人類社会・国際社会に対する主張や説得の強さ」を弱めていた。

「9」

「欠点9」

「国際連合に対する批判能力・勧告能力」がない。


「従来の民間主催の国際会議」においては、
1、『国際連合』が、
イ、「汎地球的・汎人類的・汎世界的意義を保有して生起した政治的問題・社会的問題」に対してその解決のために行なわねばならない議事議決や諸行動を行なわなかった場合もしくは行なうことができなかった場合。
ロ、および、「その思想判断や行動判断」を誤った場合（例えば、「特定の大国や超大国に著しく有利な思想判断や行動判断」を行なった場合）。
のいずれの場合においても、
2、「これらの国際会議の開催主体と国際連合における『**国際組織としての〝格の違い〟**』」から、

いずれの国際会議も（〃格が下位〃であるがゆえに）、「国際連合におけるこれらの怠慢や無能や誤り」に対して『これに**有効性のある批判**を加えたり**適切な行動を行なうことを勧告**したりすること』ができず、

3、「国際連合が人類社会・国際社会に対して本来的に果たすべき機能や役割」を『**是正したり強化したりすること**』ができなかった。

『9』

「**【従来の民間主催の国際会議】**が本質的に持たざるをえない『8』の（3）における「1」～「9」の〃欠点〃」

に対して、

1、『これらの欠点』は、

イ、「人類院という汎人類的知性機構が主催する国際会議」すなわち**【人類院会議】**。

においては、以下の「1」～「9」において示すようにそれぞれ存在しない。

2、したがって、**【人類院会議】**すなわちまた『**人類院という汎人類的知性機構**』は、「人類社会において汎地球的・汎人類的・汎世界的意義を保有して生起する政治的諸問題・社会的諸問題」を汎人類的規模で効率的かつ体系的に解決すべく、

イ、『以下の「1」～「9」』において示すような**【実際的具体的な有用性】**。

を保有する。

「1」

「具体的有用性1」

「開催議題における十分なる統一性・継続性」を保有し、かつ、「人類院における汎人類的汎世界的知名度の高さ」と「人類院会議における汎人類的汎世界的権威性の高さ」から、『会議の結論の人類社会・国際社会に対する十分なる説得力』を保有する。

（1）

「人類院」においては、

1、「**【人類院会議】**の開催に係る決定や会議の議題・開催地・開催期日等の決定、および出席者の人選等の人類院会議の開催に関する要件」は、すべて、「人類院会議運営委員会における『合議』」に基づいて決定される。

〔注。**【人類院会議】**は、通常は**【人類院本部**（「**人類院議事堂**」内における**大会議場**もしくは**中会議場・小会議場**）**】**で開催されるが、議題の性格や各地の要請に応じて各国支部や各都市の国際会議場等で開催される場合もある。〕

2、また、「人類院会議運営委員会」は、

イ、人類院における人類院会議の開催と運営に関する『唯一の意思決定機関』である。

（2）
したがって、『**人類院会議の開催と運営**』に関しては、
1、「人類院会議運営委員会」が策定した『**体系的な運営計画**』に基づき、
イ、「統一的大議題のもとに、関連性を有する中小議題をそれぞれに解決するための複数の中小会議」を集中的継続的に開催する。
ロ、「中小議題の中小会議を総括した大議題の大会議」を開催する。
ハ、「単一の議題を長期的に追求する会議」を年度的定期的に継続して開催する。
ニ、「緊急性のある議題を扱う会議」を即時的に開催する。
ホ、およびまた、「人類院以外の開催主体としての『民間における個人・団体および国家・国際機関・世界連合（国際連合）等の開催主体』と協同して共通の議題を扱う会議」を連携的に開催する。
　等のいずれの会議開催も、それぞれに可能である。

（3）
したがってまた、「これらの多様な性格を持った各会議の**体系的統合的運用**を行なうこと」により、「人類院」は、
1、「人類社会において汎地球的・汎人類的・汎世界的意義を保有して生起する政治的諸問題・社会的諸問題」を
イ、汎人類的規模で**体系的統合的に**、また**持続的もしくは緊急的に**解決すること。

が可能となる。

（4）

さらにまた、「人類院会議の開催主体である**人類院**」は、イ、『人類にとっての英知と良心の府』として存在し機能する**【人類社会における最大規模の汎人類的知性機構】**であり、

1、したがって、人類院における『汎人類的汎世界的知名度』は十分に高く、「人類院会議における国際会議としての『**汎人類的汎世界的権威性**』」もまた十分に確立されており、イ、「人類院会議の結論すなわち**【人類院声明・人類院特別声明】**」の人類社会・国際社会に対する『**権威性のある説得力**』。

は、十分に強力である。

「2」

「**具体的有用性2**」

「会議の運営機能の主体的設定」がなされており「会議施設の十分なる統合的運用経験」を保有する。

（1）

【人類院会議】は、〔「1」の（1）の1に示すように会議の議題の性格や各地の要請によっては各国の会議場等で行なわれることもあるが〕そのほとんどが、

イ、「**人類院会議を開催するための専用目的都市**」としてその街区設計がなされた**【人類院特別市】**。

におけるその「専用会議施設」としての

ロ、**【人類院議事堂】**内における**大会議場**もしくは**中会議場・小会議場**。

において行なわれる。

〔注。【人類院特別市】については、「第一節」の『第三項・国民のみなさんへ（人類院創設のために）』における『二、「人類院創設」のために日本国民および日本国のなすべき具体的行動』を参照。〕

（2）

したがって、「人類院」においては、

1、「人類院会議を行なうための**運営機能**」に関しては、

イ、そのすべてが人類院によって主体的に、すなわち「人類院会議を行なうために最適となるように『計画的に設計設定』」されており、

ロ、「『人類院特別市』における関係職員の居住と生活およびまた会議出席者における宿泊・交通・通信」等に対してもその最大限の利便が図られている。

2、また、「会議運営の実務を執行する**【人類院会議運営部】**」は「人類院会議を開催し運営する専門的担当部局」として、

イ、「**報道体制・通訳体制**も含めてのこれらの会議施設の**統合的運用**」に関する十分なる経験とその蓄積。

を保有しているために、「すべての人類院会議」において『**円滑にして最善なる運営と運用**』がなされる。

「3」**具体的有用性3**」

「会議出席者の人選における十分なる妥当性」を保有する。

（1）

「人類院」は、『人類社会最大の規模を保有する汎人類的知性機構』であり、

【人類院会議情報部】は、

『人類院におけるその円滑なる活動のために不可欠である諸情報、

すなわち、

イ、「人類院会議の議題となるべき（汎地球的・汎人類的・世界的意義を保有する）政治的諸問題・社会的諸問題」にかかわる諸情報。

および、

ロ、「これらの政治的諸問題・社会的諸問題を解決するための人類院会議の出席者として最適任である（最高度の汎人類的な英知と良心を保有している）と思われる個人・団体」にかかわる諸情報（知性人情報・団体活動情報・学術学識情報）。

すなわち、

「当該の政治的問題・社会的問題」に関して、その解決のために「どの国のどの知性人（学者・知識人・文化人・宗教家・政治家・一般市民等）」や「どの知性団体（学術団体・文化団体・宗教団体・労働団体・市民団体その他の民間団体、および、報道機関・政党・企業、およびまた、国家・地方自治体・公共機関等）」がどのように取り組み活動しているか、また、「当該の政治的問題・社会的問題を解決するための学問的学術的状況」はどうか、等の諸情報。

等の諸情報』

の収集と管理にかかわる『**人類社会最大の規模と能力を保有する実務機関**』である。

（2）

また、もとより【**人類院会議運営委員会**】は、「人類院会議出席者の『**人選**』」に関しては、

1、【当該の政治的問題・社会的問題を解決するために最適任である（最高度の汎人類的な英知と良心を保有している）出席者】を選出すべく、「いっさいの利害関係からの『中立的立場』」を保ちつねに『公正なる審議と決定』を行なう。

（3）

したがって、「人類院会議運営委員会」が「人類院会議情報部の提示する情報資料に基づいて行なう『**人類院会議出席者の人選**』」は、

1、「その選出の理念と方法」において、

イ、人類にとっての当該の政治的問題・社会的問題を解決するための「**成しうるかぎり最善の人事選出**」。

ロ、すなわち、当該の政治的問題・社会的問題を解決するために【**人類全体が考えうるかぎり最適任である人々**】を結集しえた人事選出。

である。

「4」

「**具体的有用性4**」

「会議の結論に関する十分なる広報能力・説得能力」を保有する。

（1）

【**人類院広報部**】は、

イ、「人類院声明・人類院特別声明および人類院の全活動の人類社会・国際社会に対する『**広報**』にかかわる全実務」を執行すること。

をその主要任務の一とする実務機関である。

1、したがって、「人類院会議の結論すなわち【人類院声明・人類院特別声明】」の人類社会・国際社会に対する主張や伝達は、「人類院広報部における機関任務」としての『人類社会・国際社会に対する**積極的かつ主体的な広報活動**』によって、広範にかつ持続的に行なわれる。

（2）

また、**【人類院総長・人類院副総長・人類院総会代議員】**は、「その権能および任務の一」として、その必要性に応じ、

1、「人類院声明・人類院特別声明」をその『趣意当該者（当該国・当該団体・当該個人）』に対して伝達し、かつ、その趣意を説明しもしくは勧告しもしくは説得することにより、当該の政治的問題・社会的問題の解決に努める。

（3）

したがってまた、「人類院」においては、

1、『人類院声明・人類院特別声明』をその趣意当該者に対して直接的かつ持続的に説明し説得しうる

イ、汎人類的汎世界的な**【権威性のある人的体制】**。が確立されており、

2、『人類院声明・人類院特別声明』をもってその趣意当該者のみならず全人類をも十分に啓発し説得することにより、

イ、当該の政治的問題・社会的問題を**迅速かつ効率的に解決しうる十分な機能と作用**。

が保障されている。

「5」

「**具体的有用性5**」

「会議の記録に関する十分なる保存能力と公開性」を保有する。

（1）

【人類院会議運営部】は、

イ、「人類院会議の開催と運営にかかわる全記録の作成・管理保存・公開・配布にかかわる全実務」を執行すること。

をその主要任務の一とする実務機関である。

1、したがって、「人類院会議運営委員会における人類院会議開催の是非の決定にかかわる審議の記録や人類院会議における議事の記録等の人類院会議の開催と運営にかかわる全記録、とりわけ『**人類院声明・人類院特別声明**』」は、

イ、**【人類が共有すべき知的財産】**。

として、「人類院会議運営部」によって「文書・映像・音声等からなる多様な媒体」を介して「類目別的また系統樹的に整理区分」されて保存され、かつまた「永久的に保存」される。

2、また、これらの『**全記録**』は、

イ、「常時公開」され、
ロ、「その各国語への翻訳化と複写複製」によって広く人類社会に普及され、
ハ、「当該の政治的問題・社会的問題の解決や研究にかかわる個人・団体等におけるその活動のための資料」として自由に活用される。

3、すなわち、具体的には、「人類の各員」は、
イ、電子回線を人類院会議運営部に接続させ検索し調査することによって、もしくは、人類院会議運営部もしくは人類院各国支部に発注することによって、『希望記録』を誰でも自在に入手することができる。

「6」

「具体的有用性6」

「運営資金面での十分なる安定性・継続性」を保有する。

（1）

「人類院におけるその存立と活動のための**【財源】**」に関しては、

1、「人類院の存立と活動に賛同する各国（とりわけ日本契約国もしくは日本国）におけるその拠出金」を『**基幹財源**』とし、

2、さらに、『**補完財源**』としての

イ、個人・企業・民間団体等の「寄付金」。
ロ、人類院主催の「募金」。
ハ、「人類院議事堂内の中会議場・小会議場その他の院内施設の賃貸料金」および「院内観光料金」「人類院関連商品・会議関連商品等の売上金」等の「雑収入金」。
ニ、「1の拠出金およびイ・ロ・ハの諸金」を資金としての金融運用等による「運用益金」。
等を集積することによって形成される。
｛注。
1、「人類院議事堂内の**【大会議場】**」は、『人類院における汎人類的知性機構としての**権威性の保持**』のために**【人類院会議】**のみに使用するものとし、この目的以外の使用は行なわないものとする。
2、「人類院議事堂内の【中会議場・小会議場】」は、「人類院以外の機関・団体における会議に対する〝賃貸〟」を行ない、もって**〝賃貸収入〟**を得るものとする。｝

（2）

したがって、
イ、「人類院の運営のための財源」すなわち**【人類院予算】**。
に関しては、
1、過度の臨時の出費が生じないかぎり安定的に保障されており、一般的には「財源難で人類院の諸活動、とりわけ『人類院会議の開催』が困難もしくは不可能となる事態」はありえない。

｛注。

「人類院予算の年間想定額」に関しては、人員規模・活動規模の定まっていない現構想時点においては確定額的には想定しがたいが、（国連本部の年間運営予算としての千数百億円を参考として）一千億円程度と想定する。｝

（3）
逆にいえば、「人類院」は、
1、「人類院の存立と活動に賛同する各国」に対し『人類院の運営のための財源としての安定的保障が得られるだけの額の拠出金』を求めるものとする。

（4）
とりわけ、『**日本契約国**もしくは**日本国**』は、「人類院に対するこの財源保障」に関しては、
1、『人類院の**創設提唱国**および**本部設置国**としてのその国家的責任行為』として、その【**確実なる拠出**（年間想定額としては数百億円程度）】を行ない、
かつ、「（拠出国における滞納等の事態による）その不足分」に対しても『応分の立て替え拠出』等を行ない人類院の諸活動に支障をきたさないように努めるものとする。

（5）
｛注1。
「日本契約国（日本国）が負担すべき拠出金の財源」に関しては、
イ、人類院におけるその創設と運用の汎人類的汎世界的意義。

および、

ロ、日本契約国（日本国）および日本契約国民（日本国民）における「人類および人類社会に対する知的・創造的・理想主義的貢献」の意義。

を考慮するならば、

「特別目的税としての**【人類院税】**（たとえば消費税中より一定％もしくは一定額を充当する）」を設定したとしても、国民における納得と賛同は十分に得られるはずである。｝

｛注2。

ただし、人類院は「汎人類的知性機構」として本来的には『**非国家組織**』であるがゆえにその「運用財源」に関しては、「拠出国による拠出金の増減や拠出停止を理由とする〝運営干渉〟」を防止するためにも国家の拠出には頼らないことが望ましい。

したがって、

1、本稿において『補完財源』とした「（1）の2におけるイ〜ニの諸金」が運用金（人類院予算）として必要十分に保障されるならば、これらの諸金を『基幹財源』とし、

2、逆に「（1）の1における各国による拠出金」を『補完財源』とし、かつ、終局的理想的には「**いっさい国家の拠出には頼らない**」ようにするべきである。｝

（6）

もとより、

イ、「創設財源・運用財源に関するその『拠出国』および『寄付行為者・応募行為者である個人・

企業・民間団体等』」がその拠出・寄付・応募を行なうに際しての『**不可欠なる前提条件**』。としては、

1、「人類院の活動における『**全人類的公正と中立**』」を守り、さらにはその「**保障**」を確立するために、「いずれの拠出国および寄付行為者・応募行為者である個人・企業・民間団体等」を問わず、

イ、人類院創設に際しての「人類院創設準備委員会その他の創設推進機関におけるその理念的活動」に対しては、『普遍的建設的意義を有する提言』を行なう以外はいかなる関与干渉（とりわけ自己利益的な関与干渉）も行なわない。

ロ、「人類院の全人事」に対しては、いかなる関与干渉も行なわない。

ハ、「人類院の全活動、とりわけ人類院会議における人選および議事と議決およびまた人類院声明（人類院特別声明）の作成と普及」に対しては、『普遍的建設的意義を有する提言』を行なう以外はいかなる関与干渉（とりわけ自己利益的な関与干渉）も行なわない。

ものとする。

｛注。『人類院の創設財源』については、「第一節」の『第三項・国民のみなさんへ（人類院創設のために）』における『二、「人類院創設」のために日本国民および日本国のなすべき具体的行動』の「『5』の「2」の（2）」を参照。｝

「7」

「具体的有用性7」

「汎地球的・汎人類的・汎世界的意義を保有してとりわけ『突発的に生起した政治的問題・社会的問題』に対する十分なる即応性と持続性のある対処能力」を保有する。

（1）

「人類院」は、

イ、「その機能」の一として『汎地球的・汎人類的・汎世界的意義を保有してとりわけ突発的に生起するであろう政治的問題・社会的問題に備えてのその**即応性と持続性のある対処**を行なうこと』を目的とし前提として『**常設**』された汎人類的問題解決機構。

である。

1、したがって、「人類院」においては、このような突発的な政治的問題・社会的問題が生じた場合においても、十分有効に『**即応性と持続性のある対処を行なうこと**』が可能である。

（2）

すなわち、具体的には、「**突発的な政治的問題・社会的問題**」が生じた場合には、

1、人類院会議運営委員長は、ただちに「人類院会議運営委員会」を召集開催し、

2、「人類院会議運営委員会」は、

イ、「当該の政治的問題・社会的問題に対処しこれを解決するための『人類院会議の開催』」を決定し、

ロ、「人類院会議出席者の人選とそのすみやかな招請」を行ない、

ハ、『人類院会議』を開催する。

3、「人類院会議」においては、

イ、「当該の政治的問題・社会的問題に対処しこれを解決するための討議」とその結論としての『人類院声明（もしくは人類院特別声明）』の作成および発表。

（3）

を行ない、当該の政治的問題・社会的問題のすみやかな解決を図る。

また、「当該の政治的問題・社会的問題が未解決のままに長期化した場合」には、

1、その解決までの期間、

イ、「その解決のための人類院会議」の『**定期的開催**』もしくは『**継続的開催**』。

が行なわれ、当該の政治的問題・社会的問題に対する『**持続的な解決努力**』がなされる。

「8」

「**具体的有用性8**」

「世界連合（国際連合）との連携能力」を保有する。

（1）

『**人類院と世界連合**（国際連合）』は、

1、「人類社会・国際社会において汎地球的・汎人類的・汎世界的意義を保有して生起する政治的諸問題・社会的諸問題を汎人類的汎世界的規模で解決するために設立された**【汎人類的汎世界的政治機構としての二大機構】**」であり、

2、かつ、双方は、(「9」において述べるように「その汎人類的汎世界的知性機構としての〝格〟」においては『人類院』の方が上位ではあるが)「その汎人類的汎世界的政治機構としての〝格〟」において**『同格』**である。

(2)

したがって、「人類院」においては、これらの政治的諸問題・社会的諸問題を解決するためのその行動において、とりわけ「人類院会議におけるその議事内容や議事行動」において「世界連合(国際連合)における同様議題の議事内容や議事行動と**『連携する必要』**」がある場合には、

1、「国際政治機構としての〝格〟に対する心理的障害」を有することなくこの**『連携』**を行なうことが可能である。

また、「人類院」においては、

2、「この連携による『相乗効果』」により、「人類院会議の結論すなわち『人類院声明もしくは人類院特別声明』の人類社会・国際社会に対する主張と説得力」を強化することが可能となり、

3、したがってまた、

イ、「世界連合(国際連合)」とともにこれらの政治的諸問題・社会的諸問題を**汎人類的汎世界的規模で効率的かつ体系的に解決すること**。

が可能となる。


「9」

「具体的有用性9」

「世界連合（国際連合）に対する批判能力・勧告能力」を保有する。

（1）
『人類院と世界連合（国際連合）』は、
1、「人類社会・国際社会において汎地球的・汎人類的・汎世界的意義を保有して生起する政治的諸問題・社会的諸問題を汎人類的汎世界的規模で解決するために設立された**【汎人類的汎世界的政治機構としての二大機構】**」であり、
2、かつ、双方は、「その汎人類的汎世界的政治機構としての〝格〟」において『**同格**』である。

（2）
また、「人類院」は、
1、『人類院会員のみならず全人類にとっての**【英知と良心の府】**』として、
イ、人類社会・国際社会において汎地球的・汎人類的・汎世界的意義を保有して生起した政治的諸問題・社会的諸問題を『**理念的・理想主義的に解決すること**』をその本来的機能とする知性機構。

であり、

したがって、

2、「加盟各国間における利害関係や力関係に従って『**実利的・現実主義的に行動せざるをえない本質**』を保有する『**世界連合**（国際連合）』」に対し、

3、これらの政治的諸問題・社会的諸問題の解決方法を

イ、**理念的・理想主義的に教示し誘導する機能**。

を保有する知性機構である。

（3）

さらにまた、「人類院」は、『**人類にとっての英知と良心の府**』として、

1、人類社会・国際社会において汎地球的・汎人類的・汎世界的意義を保有して生起した政治的諸問題・社会的諸問題に対しては、

イ、当該の政治的問題・社会的問題を解決するために『**最適任である知性人**』。

すなわち、

ロ、「当該の政治的問題・社会的問題を解決するために必要不可欠である知性としての【**人類社会における最高度の汎人類的英知と汎人類的良心**】」を保有する知性人。

を結集してその解決のための『合議』を行ない、

2、「この合議」に基づき「その問題解決のための思想主張」としての『人類院声明（もしくは人類院特別声明）』を作成し、

3、「作成したこの思想主張（人類院声明もしくは人類院特別声明）」によって全人類およびまた各国・各国国民を『**啓発**』し、もって当該の政治的問題・社会的問題の解決を図る

【汎人類的汎世界的知性機構】

であり、

（4）

「人類院と世界連合（国際連合）におけるその『汎人類的汎世界的〝**知性**〟機構としての〝**格**〟の上位下位の関係』」に関しては、

「**人類院**」は、

1、その「機構原理的特質」としての

イ、**【人類にとっての英知と良心の府】**である事実。

したがってまた、

ロ、「『人類社会における最高度の汎人類的英知と汎人類的良心を保有する知性人のその全英知と全良心の発現』として形成された思想主張（人類院声明もしくは人類院特別声明）」における**【その人間的英知と人間的良心の表現度合いにかかわる理想主義的優越性】**。

を根拠として、

2、「世界連合（国際連合）」に対しては、

イ、「汎人類的汎世界的〝**知性**〟機構」としての『**上位の格**』。

を保有する。

（5）

したがって、「世界連合（国際連合）」が、

イ、「人類社会・国際社会において汎地球的・汎人類的・汎世界的意義を保有して生起した政治的諸問題・社会的諸問題に対してその解決のために行なわねばならない議事議決や諸行動を行なわなかった場合」もしくは「行なうことができなかった場合」。

ロ、また、「その思想判断や行動判断」を誤った場合。

においては、

「人類院」は、

1、『世界連合（国際連合）におけるこれらの**怠慢や無能や誤り**』に対しては、

イ、世界連合（国際連合）に対する「汎人類的汎世界的〝**政治**〟機構としての〝**対等な格**〟」を保有する政治機構。

ロ、世界連合（国際連合）に対する「汎人類的汎世界的〝**知性**〟機構としての〝**上位の格**〟」を保有する知性機構。

ハ、世界連合（国際連合）に対する「**理念的・理想主義的な教示と誘導**」を行なうべき知性機構。

として、

2、『人類院声明もしくは人類院特別声明』をもって、これに

イ、「**有効性のある批判**」を加えること。

ロ、および「**的確にして適切な行動を行なうことを勧告**」すること。

が可能である。

（6）

したがってまた、「人類院」においては、「世界連合（国際連合）に対するこれらの**【批判や勧告】**すなわちまた『**心理的な誘導や強制**』」を行なうことにより、

1、『『世界連合（国際連合）が人類社会・国際社会に対して本来的に果たすべき機能や役割』を是正したり強化したりすること』が可能となり、

2、「世界連合（国際連合）とともに、人類社会・国際社会において汎地球的・汎人類的・汎世界的意義を保有して生起した政治的諸問題・社会的諸問題を汎人類的汎世界的規模で効率的かつ体系的に解決すること」が可能となる。

『10』

「人類院」は、

1、「**【人類院登録非政府団体】**に関する有用性」を保有する。

｛ただし、『当該の有用性』の詳細については、「本節（第二節）」の『第二項・人類院における「知性情報登録実務」』における『一、「【人類院登録非政府団体」の登録に関する考察』を参照。｝

2、「**【人類院登録知性会議】**に関する有用性」を保有する。

｛ただし、『当該の有用性』の詳細については、「本節（第二節）」の『第二項・人類院における「知性情報登録実務」』における『二、「人類院登録知性会議」の登録に関する考察』を参照。｝

3、「**【人類院登録知性資料】**に関する有用性」を保有する。

｛ただし、『当該の有用性』の詳細については、「本節（第二節）」の『第二項・人類院における「知性情報登録実務」』における『三、「人類院登録知性資料」の登録に関する考察』を参照。｝

4、「**【人類院知性情報登録実務】**に関する有用性」を保有する。

｛ただし、『当該の有用性』の詳細については、「本節（第二節）」の『第二項・人類院における「知性情報登録実務」』における『四、「人類院における知性情報登録実務」の有用性と定義』を参照。｝

『11』

「人類院」は、

1、「**【人類院賞】**に関する有用性」を保有する。

｛ただし、『当該の有用性』の詳細については、「本節（第二節）」の『第一項・「汎人類的知性機構（人類院）」の創設』における『八、「人類院賞」の選考と授与』を参照。｝

『12』

（1）

『1』～『11』における考察と結論より、

「人類院」は、

イ、以上の『5』『6』『9』『10』『11』において示した「**実際的具体的な有用性**」を保有する。

（2）

したがって、人類院の創設にかかわる有志が人類社会・国際社会において『人類院の創設運動』を展開し推進するに際しては、また、人類院が『人類院運動』を展開し推進するに際しては、

1、「個人・団体・国家のいずれの社会主体」に対しても、

イ、人類院の『**理念的意味**』。

のみならず、

ロ、人類院が保有するこれらの『**実際的具体的な有用性**』。

を説明することにより、

2、「人類院の機能と作用と役割およびその存在意味に対する平易な理解を与えること」が可能となり、

3、「その創設と活動に対する**賛意賛同**」さらにまた「各個人における『人類院会員』となることに対する**賛意賛同**」が得やすくなる。

第二項・人類院における「知性情報登録実務」

『1』

「人類院」は、その「**機能と作用**」に関しては、

1、「(「第一項」において述べた) その主的機構機能である【**第一機構機能**】」としての

イ、「人類社会において汎地球的・汎人類的・汎世界的意義を保有して生起する政治的諸問題・社会的諸問題」に対し「『人類院会議』を開催し『人類院声明(人類院特別声明)』を表明し『人類の意思』を創造すること」によってこれを汎人類的規模で効率的かつ体系的に解決し、

ロ、もって、【**人類の意思的統合**】を成し遂げ実現すること。

2、さらに、以下の

を実行し達成することによって、

一、「**人類院登録非政府団体**」の登録に関する考察

二、「**人類院登録知性会議**」の登録に関する考察

三、「**人類院登録知性資料**」の登録に関する考察

において述べるその**【第二機構機能】**としての

イ、「『**汎人類的知性情報に関する登録・保存・公開**』にかかわる**中枢的管理**」および「『**知性主体と知性情報に関する汎人類的汎世界的な情報網・連絡網・連携網の形成と機能**』にかかわる**拠点的活動**」を行ない、

ロ、もって、**【人類の知性的統合】**を成し遂げ実現すること。

を実行し達成することによって、

3、「**【人類大統合】**を成し遂げ実現すること」をめざすものである。

『2』

すなわち、**【人類院】**とは、

「第一機構機能および第二機構機能の二種の機構機能の万全なる発揮により、

イ、**【人類の意思的統合】**および**【人類の知性的統合】**。

を成し遂げ実現することによって、

ロ、**【人類大統合】**。

を成し遂げ実現することをめざす汎人類的知性機構」

である。

一、「人類院登録非政府団体」の登録に関する考察

（1）

『1』

「（人類院の存在しない）従来の人類社会・国際社会」においては、

すなわち、

イ、社会的活動を行なう**【非政府団体】**。

ロ、「**【民間における自律的非営利的組織】**として設立趣旨相応の分野においての社会的活動を行なう知性団体」としての『学術団体・文化団体・市民団体等の諸団体』。

に関しては、

1、そのほとんどの団体が、各国各地においてそれぞれ『個別的に』存在し活動するのみで、

2、「同様同種の他団体に対する情報・資料の収集・交換や連絡、さらには連携活動」を希望した場合でも、

イ、その「相互結合」のための有効な汎人類的汎世界的規模での『**体制**』。が整備されていなかったために、この希望を満たすことができず、

3、この結果、
イ、各団体の相互の間における学習活動やその連携活動による『**相乗効果的な目的達成**』を実現すること。
が困難であった。

（2）

また、「各団体におけるその**活動の成果と記録**」に関しても、
1、**【これを汎人類的汎世界的規模で意味体系的にすなわち類目別的・系統樹的に分類整理しつつ一括保存しかつ公開する体制】**やそのための**【汎人類的汎世界的情報網】**が未形成・未整備であったために、
2、各団体におけるその活動にもかかわらず「『その成果の実態』が人類社会・国際社会に広範に迅速に詳細にさらには体系的統合的に知られる」こともなく、
3、この結果、各団体におけるその**【汎人類的汎世界的な有益性と有用性】**が弱められてもいた。
4、さらにまた、「一般の個人・団体・国家等の社会主体・知性主体」においても、
イ、「世界各地でどのような非政府団体がどのような活動を行なっているのか」といったその存在実態や活動記録を知ること。
は、その「手がかり」を得ることすら困難であった。

『2』

これに対し、「**【人類院】**が存在し機能する人類社会・国際社会」においては、

（1）

（人類院の機構外において存在し活動する）これらの**【非政府団体】**は、

1、「人類院すなわち『**人類院知性情報局**（知性情報登録管理部）』」に対して、

「**【人類院登録非政府団体】**となるためのその『**登録要項**』としての

イ、「団体の名称・代表者名・本部所在地・連絡先・組織構成の概要・構成人員数・設立日・運用財源」等の『**団体組織としての機構的概要**』。

および

ロ、「団体としての設立の趣旨・目的、および、活動の分野・内容・実績」等の『**団体組織としての機能的概要**』。

等の要項」

を明示しての「登録申請」を行ない、

2、「『**人類院知性情報審議会**』による『**登録審査**』」に合格したのち、

イ、「検索利便性を考慮して意味体系的にすなわち類目別的・系統樹的に構築された登録体系内における相当の登録位置」を得ての**【登録】**。

を受けることによって、

3、また、登録以後において「その活動記録を随時に提出し報告する」ことによって、

（2）

1、『汎人類的汎世界的な有益性と有用性を保有する**非政府団体**』としての**【汎人類的汎世界的な認知】**が得られ、

2、「検索利便性を考慮して意味体系的にすなわち類目別的・系統樹的に構築された『汎人類的汎世界的規模での**非政府団体の活動体系図**』内における自身の位置」したがってまた「他の非政府団体との相対的活動関係」を確定することができ、

3、「その組織としての概要や活動内容・活動記録」を、**【人類院**（人類院知性情報局）**を拠点とし中枢とする情報網】**に乗せて文書・映像・音声等からなる多様な媒体を用い汎人類的汎世界的に公開し報知広告することができ、

4、また逆に、電子回線を「人類院知性情報局（知性情報登録管理部）」に接続させることによって、もしくは「人類院すなわち人類院知性情報局（知性情報登録管理部）」に対してその問い合わせを行なうことによって、

イ、「同様同種の登録他団体」に関する組織の概要や活動内容・活動記録。を随時かつ自在に意味体系的にすなわち類目別的・系統樹的に検索し調査し知ることができ、

5、したがってまた、

イ、これらの登録他団体との間における「**情報・資料の収集・交換や連絡、さらには連携活動**」。

も、自在に行なえるようになる。

『3』

（1）

すなわち、『**非政府団体**』は、【**人類院登録非政府団体**】となることにより、

1、「人類院（人類院知性情報局）」を拠点とし中枢としての、また、人類院知性情報局（知性情報登録管理部・知性主体活動支援部）によるその「仲介と支援」を受けての

イ、各登録団体の相互の間に張り巡らされた【**汎人類的汎世界的な有機的情報網・連携活動網**】。を形成することができ、

ロ、「各登録団体の相互の間における学習活動やその連携活動」による【**相乗効果的目的達成**】。も自在に可能となる。

（2）

また、「一般の個人・団体・国家等のいずれの社会主体・知性主体」においても、

1、電子回線を「人類院知性情報局（知性情報登録管理部）」に接続させることによって、もしくは「人類院すなわち人類院知性情報局（知性情報登録管理部）」に対してその問い合わせを行なうことによって、

イ、【**人類院登録非政府団体**】に関する組織の概要や活動内容・活動記録。を随時かつ自在に意味体系的にすなわち類目別的・系統樹的に検索し調査し知ることができ、

自身の知性活動の資料とすることができるようになり、
2、さらには、
イ、**【人類院登録非政府団体】**との間における関連情報・関連資料の収集・交換や連絡、および連携活動等の諸活動。
が自在に行なえるようになる。

『4』
なお、もとより、「人類院（人類院知性情報局）」は、
1、『汎人類的汎世界的な有益性と有用性を保有するとは認められない非政府団体』に対しては、これを「人類院登録非政府団体」として登録することは行なわない。
2、登録後において「汎人類的汎世界的な有害性を保有するに至ったと認められる非政府団体」および「その活動を停止した非政府団体」に対しては、『元登録非政府団体』とし、かつ、その現登録を抹消する。
3、「人類院登録非政府団体におけるその活動内容」に対しては、いっさいの介入・干渉は行なわない。

『5』
（1）

ただし、

【人類院登録非政府団体】とは、

【「人類院の機構外において存在し活動しかつ汎人類的汎世界的な有益性と有用性を保有すると認められる非政府団体」で、

1、「人類院すなわち人類院知性情報局（知性情報登録管理部）」に対して、

2、その『登録要項』としての

イ、「団体の名称・代表者名・本部所在地・連絡先・組織構成の概要・構成人員数・設立日・運用財源」等の『団体組織としての機構的概要』。

および

ロ、「団体としての設立の趣旨・目的、および、活動の分野・内容・実績」等の『団体組織としての機能的概要』。

を明示しての登録申請を行ない、

3、「人類院知性情報審議会による登録審査と登録」を受けることによって、また、登録以後においてその「活動記録」を随時に提出し報告することによって、

4、人類院（人類院知性情報局）を介しての

イ、『汎人類的汎世界的な有益性と有用性を保有する非政府団体』としての「汎人類的汎世界的な認知と公開」を得、

ロ、その「活動記録」に関する『汎人類的汎世界的規模での永久的保存と公開』を受け、

ハ、「その相互の連携活動に関する仲介と支援」および「その相互の連携情報網の形成と活用利便」を受ける
をいう。

5、非政府団体。】

（2）

【非政府団体】とは、

【「社会的団体」の一で、

1、民間における「自律的非営利組織」として「設立趣旨相応の分野においての相応の社会的活動を行なう知性団体」としての『学術団体・文化団体・市民団体』等の社会的団体。】
をいう。

二、「人類院登録知性会議」の登録に関する考察

『1』

「（人類院の存在しない）従来の人類社会・国際社会」においては、

（1）

イ、**【知性会議**（汎人類的汎世界的な有益性と有用性を保有する国際会議・国内会議）**】**における

『その記録』すなわち『会議の主催者名・開催趣旨および目的・開催日時・開催場所・参加者・参加人員・議題・議事議決の内容・結論としての宣言もしくは声明等』。

に関しては、
1、『これを汎人類的汎世界的規模で意味体系的にすなわち**類目別的・系統樹的に分類整理しつつ一括保存しかつ公開する体制**』やそのための【**汎人類的汎世界的情報網**】が十分に整備されてはいなかった。

(2)

このために、世界各地で「世界連合(国際連合)・国際機構・国家の主催」や「民間主催」のいずれを問わず「そのつどそれぞれの必要性に応じて多種多様な『知性会議』」が開催され、それぞれに「**人類にとっての有益かつ有用な結論**」が出されているにもかかわらず、
1、「個人・団体・国家等のいずれの社会主体・知性主体」においても、「これらの『**知性会議**』の存在も内容も結論も」十分に知ることができず、
2、したがってまた、『各知性会議の記録』が【**人類共有の知的財産**】として人類全体に広範かつ長期的に有効活用されることはなかった。

『2』

(1)

これに対し、「【**人類院**】が存在し機能する人類社会・国際社会」においては、

「（人類院会議以外の）会議の主催者」は、当該の**【知性会議】**に関しては、

1、会議終了後ただちに「人類院すなわち『**人類院知性情報局**（知性情報登録管理部）』」に対して、

イ、『会議の開催事実』と『文書・映像・音声等からなる媒体を用いての会議の記録（会議の主催者名・開催趣旨および目的・開催日時・開催場所・参加者・参加人員・議題・議事議決の内容・結論としての宣言もしくは声明等）』。

「**【人類院登録知性会議】**とするためのその『**登録要項**』としての等の要項」

を明示しての「登録申請」を行ない、

2、「『**人類院知性情報審議会**』による『**登録審査**』」に合格したのち、

イ、「検索利便性を考慮して意味体系的にすなわち類目別的・系統樹的に構築された登録体系内における相当の登録位置」を得ての**【登録】**。

を受けることによって、

（2）

1、『汎人類的汎世界的な有益性と有用性を保有する**知性会議**』としての**【汎人類的汎世界的な認知】**が得られ、

2、『会議の開催事実と会議の記録』を、

【人類院（人類院知性情報局）を**拠点とし中枢とする情報網】**に乗せて文書・映像・音声等からなる多様な媒体を用い汎人類的汎世界的に公開し報知広告することができ、

3、また、『会議の記録』を**【人類共有の知的財産】**として永久的に保存することができ、人類全体の知的活動に有効に活用させることができる。

（3）

またさらに、「個人・団体・国家等のいずれの社会主体・知性主体」においても、

1、電子回線を「人類院知性情報局（知性情報登録管理部）」に接続させることによって、もしくは「人類院すなわち人類院知性情報局（知性情報登録管理部）」に対してその問い合わせを行なうことによって、

イ、**【人類院登録知性会議】**に関するその開催事実や会議の記録。を随時かつ自在に意味体系的にすなわち類目別的・系統樹的に検索し調査し知ることができ、自身の知性活動の資料とすることができるようになり、

2、さらには、

イ、**【人類院登録知性会議】**の主催者や出席者・関係者との間における関連情報・関連資料の収集・交換や連絡、および連携活動等の諸活動。が自在に行なえるようになる。

（4）

｛注。**【人類院会議】**に関しては、
1、『すべての人類院会議』が会議終了後「人類院会議運営部の登録申請」によってただちに**【人類院登録知性会議】**として「人類院知性情報局（知性情報登録管理部）」に登録され、以後は他の『人類院登録知性会議』と同様な扱いを受けることはいうまでもないことである。｝

『3』

なお、もとより、「人類院（人類院知性情報局）」は、
1、『汎人類的汎世界的な有益性と有用性を保有するとは認められない会議』に対しては、これを「人類院登録知性会議」として登録することは行なわない。
2、「人類院登録知性会議における その活動内容」に対しては、いっさいの介入・干渉は行なわない。

『4』

（1）

ただし、
【人類院登録知性会議】とは、
【「人類院会議」および「人類院会議以外の会議であってかつ汎人類的汎世界的な有益性と有用

性を保有すると認められる会議」で、

1、会議主催者が会議終了後ただちに「人類院すなわち人類院知性情報局（知性情報登録管理部）」に対して、

2、その『登録要項』としての

イ、「会議の開催事実」と「文書・映像・音声等からなる媒体を用いての会議の記録（会議の主催者名・開催趣旨および目的・開催日時・開催場所・参加者・参加人員・議題・議事議決の内容・結論としての宣言もしくは声明等）」。

を明示しての「登録申請」を行ない、

3、「人類院知性情報審議会による登録審査と登録」を受けることによって、

4、人類院（人類院知性情報局）を介しての

イ、『汎人類的汎世界的な有益性と有用性を保有する会議』としての「汎人類的汎世界的な認知と公開」を得、

ロ、その「会議の記録」に関する『汎人類的汎世界的規模での永久的保存と公開』を受ける

5、会議。】

をいう。

（2）

【知性会議】とは、

【「会議」の一で、

1、「その開催の動機と成果において汎人類的汎世界的な有益性と有用性を保有する」と認める会議。**】**をいう。

三、「人類院登録知性資料」の登録に関する考察

『1』

「(人類院の存在しない)従来の人類社会・国際社会」においては、

(1)

イ、人類の知的活動の全分野において創造され生成した「各分野別の**【知性資料**(学術・文化・政治・経済・民生等の各分野における知的情報・知的成果)**】**」。に関しては、

1、『**これ**を汎人類的汎世界的規模で意味体系的にすなわち**類目別的・系統樹的に分類整理しつつ一括保存しかつ公開する体制**』やそのための**【汎人類的汎世界的情報網】**が十分に整備されてはいなかった。

(2)

このために、

イ、世界各地において活動する『**個人・団体・政治機関**（国家・地方自治体における各機関）**等の知性主体**』。
が、各分野別にその多様な知的活動を営み、「各知性主体（当事個人・当事団体・当事政治機関等）」のそれぞれにおいて、日々刻々
【人類にとっての有益かつ有用な知性資料】
を生み出しているにもかかわらず、
1、「個人・団体・政治機関等のいずれの社会主体・知性主体」においても、「これらの『**知性資料**』の存在も内容も」十分に知ることができず、
2、したがってまた、『各知性資料』が**【人類共有の知的財産】**として人類全体に広範かつ長期的に有効活用されることはなかった。

『2』

これに対し、「**【人類院】**が存在し機能する人類社会・国際社会」においては、

（1）

「知性資料の創造主体としての各知性主体（各個人・各団体・各政治機関等）」は、当該の**【知性資料】**に関しては、
1、その創造をなしえたのち、ただちに「人類院すなわち『**人類院知性情報局**（知性情報登録管理部）』」に対して、

「**【人類院登録知性資料】**とするためのその『**登録要項**』としての

イ、『創造主体（個人・団体・政治機関等）』および『その連絡先・分野（学術・文化・政治・経済・民生等）・内容等の詳細』。

等の要項」

を明示しての「登録申請」を行ない、

2、「『**人類院知性情報審議会**』による『**登録審査**』」に合格したのち、

イ、「検索利便性を考慮して意味体系的にすなわち類目別的・系統樹的に構築された登録体系内における相当の登録位置」を得ての**【登録】**。

を受けることによって、

（2）

1、『汎人類的汎世界的な有益性と有用性を保有する**知性資料**』としての**【汎人類的汎世界的な認知】**が得られ、

2、「その創造主体・分野・内容等の知性資料としての詳細」を、

【人類院（人類院知性情報局）**を拠点とし中枢とする情報網】**に乗せて文書・映像・音声等からなる多様な媒体を用い汎人類的汎世界的に公開し報知広告することができ、

3、また、『知性資料としての詳細』を【**人類共有の知的財産**】として永久的に保存することができ、人類全体の知的活動に有効に活用させることができる。

（3）

またさらに、「個人・団体・政治機関等のいずれの社会主体・知性主体」においても、

1、電子回線を「人類院知性情報局（知性情報登録管理部）」に接続させることによって、もしくは「人類院すなわち人類院知性情報局（知性情報登録管理部）」に対してその問い合わせを行なうことによって、

イ、【**人類院登録知性資料**】に関するその創造主体・分野・内容等の詳細。

を随時かつ自在に意味体系的にすなわち類目別的・系統樹的に検索し調査し知ることができ、自身の知性活動の資料とすることができるようになり、

2、さらには、

イ、【**人類院登録知性資料**】の創造主体や関係者との間における関連情報・関連資料の収集・交換や連絡、および連携活動等の諸活動。

が自在に行なえるようになる。

『3』

（1）

なお、もとより、「人類院（人類院知性情報局）」は、

1、『汎人類的汎世界的な有益性と有用性を保有するとは認められない知性資料』に対しては、これを「人類院登録知性資料」として登録することは行なわない。
2、「人類院登録知性資料におけるその資料内容」に対しては、いっさいの介入・干渉は行なわない。

（2）

「人類院登録知性資料に付随する『著作権等の知的財産権』の管理（処遇もしくは活用）の問題」に関しては、
1、「人類院が規定する『相応の知的財産権管理基準（処遇基準・活用基準）』」に従い、適宜実務的に解決するものとする。

『5』

（1）

ただし、

【人類院登録知性資料】とは、

【「人類の知的活動の全分野において創造され生成した『各分野別の知性資料（学術・文化・政治・経済・民生等の各分野における知的情報・知的成果）』」であってかつ「汎人類的汎世界的な有益性と有用性を保有すると認められる知性資料」で、
1、「知性資料の創造主体としての各知性主体（各個人・各団体・各政治機関等）」がその創造を

なしえたのち、ただちに「人類院すなわち人類院知性情報局（知性情報登録管理部）」に対して、
2、その『登録要項』としての
イ、「創造主体（個人・団体・政治機関等）」および「その連絡先・分野（学術・文化・政治・経済・民生等）・内容等の詳細」。
を明示しての登録申請を行ない、
3、「人類院知性情報審議会による登録審査と登録」を受けることによって、
4、人類院（人類院知性情報局）を介しての
イ、『汎人類的汎世界的な有益性と有用性を保有する知性資料』としての「汎人類的汎世界的な認知と公開」を得、
ロ、その知性資料としての詳細に関する「汎人類的汎世界的規模での永久的保存と公開」を受ける
をいう。
5、知性資料。】
（2）
【知性資料】とは、
【「社会的資料」の一で、
1、「学術・文化・政治・経済・民生等の人類の知的活動の各分野」においてそれぞれに創造された生成した『汎人類的汎世界的な有益性と有用性を保有する知的情報・知的成果』としての社

会的資料。】

をいい、

【知性主体】とは、

【「社会的主体」の一で、

1、「学術・文化・政治・経済・民生等の人類の知的活動の各分野」においてそれぞれに『汎人類的汎世界的な有益性と有用性を保有する知性活動』を実行する社会的主体。】

をいう。

四、「人類院における知性情報登録実務」の有用性と定義

『1』

（1）

「一」「二」「三」における考察と結論より、

【人類院】は、

1、『人類社会において形成され創出される

イ、「人類院において行なわれる人類院会議の開催およびその他の多種多様な知性活動」にかかわる諸情報。

および、

ロ、「人類院の機構外において行なわれる汎人類的汎世界的範囲での多種多様な知性活動」にかかわる諸情報。

に関する**【人類社会における最大にして唯一の集積中枢・保存中枢・発信中枢】**』

として、

2、すなわちまた、

「『人類社会において相互に連携し合い連動し合いながらそれぞれに思考し記憶し主張し活動するその数十億の人間細胞からなる**人類という知的有機体**』における

【頭脳】

に相当する機関機構」

として、

3、存在し活動し機能する。

（2）

このため、「個人・団体・国家等のいずれの社会主体・知性主体」においても、

1、「人類院（人類院知性情報局）を拠点とし中枢とするこの**【知性主体と知性情報に関する汎人類的汎世界的な情報網・連絡網・連携網】**」

を活用することにより、

イ、「人類社会・国際社会に存在し有益有用である多種多様な知性情報」を容易に大量に迅速に正確に詳細に入手すること。

ロ、「その知性活動の範囲」を容易に迅速に「汎人類的汎世界的範囲」にまで拡大すること。

ハ、その「共通目的の達成」をめざして「個人・団体・国家等といった社会主体・知性主体としての性格と規模を超越した連携活動」を行なうこと。

ニ、その「相互の連携活動」を介して相互に「その知性主体としての汎人類的汎世界的一体感」を形成しつつ「その活動成果の相乗的充実と拡大」を得ること。

ホ、「人類社会・国際社会に汎人類的汎世界的意義を保有して生起する多様な政治的諸問題・社会的諸問題」を「社会主体・知性主体としての個人・団体・国家等におけるその協同作業・連携作業」によって汎人類的汎世界的規模で効率的かつ体系的に解決すること。

が可能となる。

『2』

すなわち、

イ、人類院（人類院知性情報局）における**【知性情報登録実務】**の遂行。

により、

1、【人類院知性情報局のスーパーコンピューター（世界最大の記憶容量を保有する）】には、あたかも人体における【頭脳】のように

【世界中の（有益有用である）あらゆる知性情報】が『**最大最高の検索利便性・効率性**』を具有するように意味体系的にすなわち「**類目別的・系統樹的に**」整理され蓄えられ、

2、国籍・地域や個人・団体・国家等のいかんを問わず、「すべての人々（社会主体・知性主体）」は、

イ、インターネット回線を使用して随時かつ随意にこれを検索し調査しその必要情報を自在に引き出すことができ、

ロ、みずからの知的活動に役立てることができる。

というわけであり、

3、かつまた、「すべての人々（社会主体・知性主体）」は、

イ、「人類院（人類院知性情報局）」を拠点とし中枢として『その知的活動における**相互の連携**』を図ることができ、

ロ、「相互の活動効率と活動効果」を最大限とすることができる。

というわけである。

『3』

（1）

すなわち、

【人類院知性情報局】（知性情報登録管理部）の**スーパーコンピューター**】は、

イ、世界最大容量のホームページ。

ロ、人類社会における（有益有用である）**知性情報の総集体**。

ハ、「人類にとっての（有益有用である）知性情報と知識に関する体系的統合的かつ最高効率的な検索と調査」のための**【最大系統樹】**。すなわち**【スーパーサイバー百科事典】**。

であり、

（2）

たとえば、人が、「地球温暖化問題に興味を持ちそのうちの車の排気ガス問題に関する詳細な知識を得たい」と考えたとき、

当人は、

1、インターネット回線においてまず「人類院知性情報局（知性情報登録管理部）のスーパーコンピューター」に接続し、

2、呼び出し（検索）第一項目としての「科学」の項目を呼び出し、以下「環境問題」「大気汚染問題」「車の排気ガス問題」と項目を細分化して検索し、

イ、窒素酸化物・二酸化炭素・エンジン・触媒等々に関する科学的情報。
ロ、各自動車メーカーにおける取り組みの現状とその成果。
ハ、過去に開催された排気ガス規制に関する学術会議・国際会議等の諸会議の記録。
ニ、関連研究機関・学術機関の一覧およびこれらの機関における研究内容の一覧。
等を呼び出しこれらの**【系統樹的情報体系】**をくまなく調べあさることにより、
3、「希望する情報を自在に詳細に迅速に正確に最大効率的に入手することができる」ということである。

（3）

つまり『**人類院知性情報局**（知性情報登録管理部）の**スーパーコンピューター**』は、
1、**【人類にとっての（有益有用である）知性情報と知識に関する探索のための統合的出発点および系統樹的展開体系】**であり、
2、すべての知性主体は（「雑多にして無益無意味で無駄な情報を大量膨大に含む世界各地のホームページやサイト」を探し回らなくても）まず『このコンピューター』に接続しさえすれば、
イ、**【人類院登録のなされた知性情報】**すなわち「それぞれの登録体系内における検索利便性を考慮しての『意味体系的なすなわち類目別的・系統樹的な整理と位置付け』のなされた**【非政府団体情報・知性会議情報・知性資料情報】**」。
に対して容易かつ効率的に、すなわち、
ロ、「無駄な情報のない経路」をたどりながら「**最短時間的最短距離的最少労力的に**」接近し

ていける。
こととなる。

（4）

もとより、パソコン等の電子機器を持たない人においても、手紙・電話・ＦＡＸ等によって「人類院知性情報局（知性情報登録管理部）の担当係」に問い合わせを行ない、その相応の返答を得ることにより、可能なかぎり詳細な知性情報を手に入れることができる。

（5）

また、もとより**【人類院登録知性情報】**は、

1、「可能なかぎりの多数国言語」に翻訳されて保存され公開されるものであり、

2、「人類院知性情報局（知性情報登録管理部）」においては、「問い合わせや検索調査を行なう知性主体における国籍や理解言語」によってその情報の入手に『差別的扱い』がなされないように、

イ、**必要かつ十分な翻訳技術的・言語表現的な保存努力・公開努力**。

が成されるものである。

『4』

（1）

すなわちまた、

イ、**『人類院**（人類院知性情報局）**の創設**』とその活動。

により、

1、『知性情報および知性主体に関する〝国家国境の壁〟』は消滅し、もって全人類は一体化し、

2、まさに

【人類における知性的統合を成し遂げる】

という〝**人類多年の夢**〟が実現することとなるわけである。

（2）

おりしも、「パソコンや携帯電話、インターネットやEメールといった情報機器類・情報交換網の汎世界的汎人類的かつ爆発的な普及」により、あらためて総人類的規模で、

イ、**汎世界的・汎人類的・汎地球的な情報網・知性網**。

というものに関心が高まり、かつまた各国国民における政治的社会的意識においても、

ロ、**【地球人・地球市民】**といった「国家・国民・国境の枠を超えた新しい人間意識・自我意識・社会人意識」。

が自然発生的に生まれ定着しつつある今日であればこそ、

1、「『人類院の創設』を成し遂げその知性情報局において『**知性情報登録実務**』を遂行することの必要性と意義」には、

【歴史（人類史・世界史）の必然】

といえるものがあるはずであり、

2、「人類院（人類院知性情報局）において実際的に【知性情報登録実務】が遂行され、全人類

が現にその『**知性情報**』を随時かつ自在に活用できるようになったその時その時代」こそ、

【総人類的規模で、

イ、「その『世界観・政治観・社会観・人間観や国家観・国民観等の基幹的諸思想の形成』においで確実に『**汎人類的汎世界的汎地球的な視野と発想**』が取り込まれるであろう」その一**大認識革命**。

および、

ロ、「『政治的問題・社会的問題を解決するためのその相互の連帯意識・共同意識』が容易に『**汎人類的汎世界的汎地球的な範囲**』にまで拡大し普遍するであろう」その一**大意識革命**。

が引き起こされるその時その時代**】**

となるであろうことは不可避にして確実といえるはずである。

（3）

（注）。

それにしても恐るべきは、『**コンピューター**（パソコン）という知的道具とその運用手段としての**インターネット**の発明』であり、この道具と手段の活用なくして【人類の知性的統合】は考えられない。

つまり、

1、「この道具と手段の未発達であった二十世紀までの人類社会」においては、かりに「理念的にその構想が存在しえた」としても、

イ、地球上の二点間における情報交流手段・連絡手段が「電話・FAX・無線・手紙」程度の手段。

では、技術能力的に**【人類の知性的統合】**は不可能だったわけであり、

2、「『コンピューター（パソコン）とインターネット』という

イ、「地球上の任意の二点間における情報交流と相互連絡」において当事者（しかも随意かつ無限数の当事者）が場所と時間の制約をいっさい受けることなく相互に随時に瞬時にかつ無制限に情報を交流し合える汎人類的手段。

が誕生し存分に機能するようになった二十一世紀の現時代」

となってこそ初めて、

ロ、**【人類の知性的統合】**の構想。

が**『理念的かつ技術能力的に実現可能となってきた』**ということである。

『5』

（1）

ただし、

【人類院における知性情報登録実務】とは、

【「人類院における主要な機能と作用の一としての『第二機構機能』」として執行され『人類の知性的統合』を成し遂げるためにその実行が不可欠である「知性情報に関する登録実務」で、

1、「人類院の機構外において行なわれる汎人類的汎世界的範囲での多種多様な知性活動を支援し、かつ、当該の知性活動を汎人類的汎世界的規模で活用すること」

を目的として、

2、「人類院すなわち人類院知性情報局（知性情報登録管理部）」において、

3、「汎人類的汎世界的な有益性と有用性」を保有すると認められる

イ、「社会的活動」を行なう『非政府団体』。

すなわち、「民間における『自律的非営利的組織』として設立趣旨相応の分野において相応の社会的活動を行なう知性団体」としての『学術団体・文化団体・市民団体等の社会的団体』。

ロ、「知性会議（汎人類的汎世界的な有益性と有用性を保有する国際会議・国内会議）」におけるその『記録』。

すなわち、「『会議の開催事実』と『文書・映像・音声等からなる媒体を用いての会議の記録（会議の主催者名・開催趣旨および目的・開催日時・開催場所・参加者・参加人員・議題・議事議決の内容・結論としての宣言もしくは声明等）』」。

ハ、「人類の知的活動の全分野」における『知性資料』。

すなわち、「学術・文化・政治・経済・民生等の人類の知的活動の各分野」においてそれ

ぞれに創造され生成した『知的情報・知的成果』。
を意味体系的にすなわち類目別的・系統樹的に登録することにより、
4、「人類院（人類院知性情報局）」を
イ、「人類院において行なわれる人類院会議の開催およびその他の多種多様な知性活動」にかかわる諸情報。
ロ、および、「人類院の機構外において行なわれる汎人類的汎世界的範囲での多種多様な知性活動」にかかわる諸情報。
に関する
『人類社会における最大にして唯一の集積中枢・保存中枢・発信中枢』
とし、
5、かつ、「これらの諸情報の永久的保存と自在な公開」により、『人類院（人類院知性情報局）』
を拠点とし中枢とする
『知性主体と知性情報に関する汎人類的汎世界的な情報網・連絡網・連携網』
を形成し機能させ、
6、「個人・団体・国家等の社会主体・知性主体」に対して、その活用により、
イ、「人類社会・国際社会に存在し有益有用である多種多様な知性情報」を容易に大量に迅速に正確に詳細に入手すること。
ロ、「その知性活動の範囲」を容易に迅速に「汎人類的汎世界的範囲」にまで拡大すること。

ハ、その「共通目的の達成」をめざして「個人・団体・国家等といった社会主体・知性主体としての性格と規模を超越した連携活動」を行なうこと。

ニ、その「相互の連携活動」を介して相互に「その知性主体としての汎人類的汎世界的一体感」を形成しつつ「その活動成果の相乗的充実と拡大」を得ること。

ホ、「人類社会・国際社会に汎人類的汎世界的意義を保有して生起する多様な政治的諸問題・社会的諸問題」を「社会主体・知性主体としての個人・団体・国家等におけるその協同作業・連携作業」によって汎人類的汎世界的規模で効率的かつ体系的に解決すること。

を支援し保障する

7、知性情報に関する登録実務。】

をいう。

（2）

また、

【人類の知性的統合】とは、

【「人類院におけるその機構活動に基づきその『第二機構機能』として成立するまた成立すべき汎人類的知性行為および汎人類的知性状況」で、

1、人類社会において『人類院』を創設し、

2、「人類院の機構外において行なわれる汎人類的汎世界的範囲での多種多様な知性活動を支援し、かつ、当該の知性活動を汎人類的汎世界的規模で活用すること」

を目的として、

3、「人類院すなわち人類院知性情報局（知性情報登録管理部）」において、

4、「汎人類的汎世界的な有益性と有用性」を保有すると認められる

イ、「社会的活動」を行なう『非政府団体』。

すなわち、「民間における『自律的非営利的組織』として設立趣旨相応の分野において相応の社会的活動を行なう知性団体」としての『学術団体・文化団体・市民団体等の社会的団体』。

ロ、「知性会議（汎人類的汎世界的な有益性と有用性を保有する国際会議・国内会議）」におけるその『記録』。

すなわち、「『会議の開催事実』と『文書・映像・音声等からなる媒体を用いての会議の記録（会議の主催者名・開催趣旨および目的・開催日時・開催場所・参加者・参加人員・議題・議事議決の内容・結論としての宣言もしくは声明等）』」。

ハ、「人類の知的活動の全分野」における『知性資料』。

すなわち、「学術・文化・政治・経済・民生等の人類の知的活動の各分野」においてそれぞれに創造され生成した『知的情報・知的成果』。

を意味体系的にすなわち類目別的・系統樹的に登録することにより、

5、『人類院（人類院知性情報局）』を

イ、「人類院において行なわれる人類院会議の開催およびその他の多種多様な知性活動」にかかわる諸情報。

ロ、および、「人類院の機構外において行なわれる汎人類的汎世界的範囲での多種多様な知性活動」にかかわる諸情報。

に関する

『人類社会における最大にして唯一の集積中枢・保存中枢・発信中枢』

とし、

6、かつ、「これらの諸情報の永久的保存と自在な公開」により、『人類院（人類院知性情報局）』を拠点とし中枢とする

『知性主体と知性情報に関する汎人類的汎世界的な情報網・連絡網・連携網』

を形成し機能させ、

7、「個人・団体・国家等の社会主体・知性主体」に対して、その活用により、

イ、「人類社会・国際社会に存在し有益有用である多種多様な知性情報」を容易に大量に迅速に正確に詳細に入手すること。

ロ、「その知性活動の範囲」を容易に迅速に「汎人類的汎世界的範囲」にまで拡大すること。

ハ、その「共通目的の達成」をめざして「個人・団体・国家等といった社会主体・知性主体としての性格と規模を超越した連携活動」を行なうこと。

ニ、その「相互の連携活動」を介して相互に「その知性主体としての汎人類的汎世界的一体感」を形成しつつ「その活動成果の相乗的充実と拡大」を得ること。

ホ、「人類社会・国際社会に汎人類的汎世界的意義を保有して生起する多様な政治的諸問題・

社会的諸問題」を「社会主体・知性主体としての個人・団体・国家等におけるその協同作業・連携作業」によって汎人類的汎世界的規模で効率的かつ体系的に解決すること。を支援し保障する

8、汎人類的知性行為および汎人類的知性状況。】をいう。

第三項・「人類院」「人類大統合」の定義

一、「人類院」の定義

『1』

「**【人類院】**の定義」に関しては、

1、その「**略式定義**」に関しては、以下の「『2』の（1）（2）」のとおりである。

2、その「**正式定義**」に関しては、以下の『3』のとおりである。

『2』

（1）

【人類院】とは、

【「『人類の意思的統合』および『人類の知性的統合』を成し遂げ実現することによって『人類大統合』を成し遂げ実現し、もって「人類社会の総体における究極理想の政治社会・人間社会の構築」に寄与貢献し「人類の総員における政治的社会的人間的至福の万全なる享受」に寄与貢献する『汎人類的知性機構』。】

をいう。

（2）

【人類院】とは、

【「『人類の意思的統合』および『人類の知性的統合』を成し遂げ実現することによって『人類大統合』を成し遂げ実現し、もって『人類社会の総体における究極理想の政治社会・人間社会の構築』に寄与貢献し『人類の総員における政治的社会的人間的至福の万全なる享受』に寄与貢献すること」

を目的として創設された『汎人類的知性機構』で、

1、「構成員としての権利および義務にかかわる条件設定を伴わない自発的自己責任的な加入からなる汎人類的構成員」によってその「人的機構形成」が成され、

2、『全人類にとっての英知と良心の府』として存在し機能し、

3、「人類社会において汎地球的・汎人類的・汎世界的意義を保有して生起した政治的諸問題・社会的諸問題を汎人類的規模で効率的かつ体系的に解決すること」を目的として『人類院会議』を開催し『人類院声明・人類院特別声明』を発表し『全人類にとっての英知と良心の最大最高

の表現機関』として機能することにより、「当該の政治的問題・社会的問題」を効率的かつ体系的に解決し、

もって、『人類の意思の創造』と『人類の意思的統合』を成し遂げ実現し、

4、「汎人類的汎世界的な有益性と有用性を保有すると認められる『非政府団体』『知性会議』『知性資料』」を登録することにより、当該機構を『知性情報に関する人類社会における最大にして唯一の集積中枢・保存中枢・発信中枢』および『知性主体と知性情報に関する汎人類的汎世界的な情報網・連絡網・連携網』として機能させ、

もって、『人類の知性的統合』を成し遂げ実現し、

5、この「人類の意思的統合」と「人類の知性的統合」を成し遂げ実現することによって『人類大統合』を成し遂げ実現し、

6、もって、「人類社会の総体における究極理想の政治社会・人間社会の構築」に寄与貢献し「人類の総員における政治的社会的人間的至福の万全なる享受」に寄与貢献する

7、汎人類的知性機構。】

をいう。

『3』

【人類院】とは、

【「人類社会において、

イ、「第一機構機能」としての『人類の意思的統合』。
および、
ロ、「第二機構機能」としての『人類の知性的統合』。
の二大機構機能を成し遂げ実現することによって、
ハ、『人類大統合』。
を成し遂げ実現し、
もって、『人類社会の総体における究極理想の政治社会・人間社会の構築』に寄与貢献し『人類の総員における政治的社会的人間的至福の万全なる享受』に寄与貢献すること」
を目的として創設された『汎人類的知性機構』で、

（1）

1、「人類社会において汎地球的・汎人類的・汎世界的意義を保有して生起する政治的諸問題・社会的諸問題を汎人類的規模で効率的かつ体系的に解決すること」
を目的として二十一世紀前期の半ば頃に創設され、
2、「『地球人意識を保有し人類社会において汎地球的・汎人類的・汎世界的意義を保有して生起する政治的諸問題・社会的諸問題に対する問題意識や解決意図を保有する人々』を汎人類的規模で組織的に結集しそれぞれを『構成員としての権利および義務にかかわる条件設定を伴わない自発的自己責任的な加入』のもとにその『構成員（人類院会員）』とすること」
によってその「人的機構形成」を行ない、

3、その「機構的機能的性格」において、
イ、全人類にとっての
『英知と良心の府』
として存在し機能し、
ロ、全人類にとっての
『英知と良心の最大最高の表現機関』
として機能する性格を具有し、
4、かつ、「この汎人類的知性機構を構成する人々および全人類」に普遍すべき
イ、「汎人類的知性機構」としての『権威』。
すなわちまた、「この汎人類的知性機構を構成する人々および全人類」が自発的に承認し受容しうる
ロ、「汎人類的知性機構」としての『その存在の正当性』および『その思想主張の行為の正当性』。
を具有し、
5、その「運営と機能」に関しては、
イ、人類社会において「汎地球的・汎人類的・汎世界的意義を保有する政治的問題・社会的問題」が生起した場合において、
ロ、その構成員および全人類のなかから選出された
『当該の政治的問題・社会的問題を解決するために最適任である汎人類的英知と汎人類的

良心を保有する知性人』

を結集し、

ハ、『結集したこれらの知性人によって構成される会議（人類院会議）』

において

『当該の政治的問題・社会的問題を解決するための合議』

を行ない、

ニ、かつ、この「合議」により、

「当該の政治的問題・社会的問題を解決するための思想主張で『人類の意思』とみなされるべき思想主張としての『人類院声明・人類院特別声明』」

を決定し、

ホ、この決定した『人類院声明・人類院特別声明』を

『この汎人類的知性機構の名』

において人類社会に表明し、

6、「この人類院声明・人類院特別声明」すなわち『この汎人類的知性機構が人類社会に対して表明するこの思想主張』を根拠として、

イ、人類の総員を当該の政治的問題・社会的問題の解決に向けて『啓発』し、

ロ、「この思想主張（人類院声明・人類院特別声明）に基づいての『汎人類的汎世界的統一性のある国際世論』」を形成し展開することによって、「当該の政治的問題・社会的問題の当事

主体」に対して
『問題解決に向けての思想的心理的な圧力作用もしくは誘導作用』
を及ぼし、
ハ、およびまた、「この汎人類的知性機構を構成する人々および全人類」が、「この思想主張（人類院声明・人類院特別声明）に対してそれぞれ『自発的な賛否の思慮と問題解決に向けての意思形成』」を行なうことによって、
『人類の意思の創造』
を成し遂げ、
ニ、創造されたこの『人類の意思』に基づき、「人類社会を構成する各個人における当該の政治的問題・社会的問題にかかわるその意識や思想・行動」を間接的に誘導し制御し、
また、「これらの人々によって形成され構成される集団や国家における当該の政治的問題・社会的問題にかかわるその意識や思想・行動」を二次間接的に誘導し制御し、
7、「これらの機構的特質と運営機能の発現」により、
8、「人類社会において汎地球的・汎人類的・汎世界的意義を保有して生起する政治的諸問題・社会的諸問題」を汎人類的規模で効率的かつ体系的に解決し、
9、もって、
イ、『人類の意思的統合』。
を成し遂げ実現する

10、汎人類的知性機構。

（2）

および、

1、「この汎人類的知性機構およびこの汎人類的知性機構の機構外において行なわれる『汎人類的汎世界的範囲での多種多様な知性活動』を支援し、かつ、当該の知性活動を汎人類的汎世界的規模で活用すること」

を目的として創設され、

2、この「汎人類的知性機構」において、

『汎人類的汎世界的な有益性と有用性』

を保有すると認められる

イ、「社会的活動」を行なう『非政府団体』。

すなわち、「民間における『自律的非営利的組織』として設立趣旨相応の分野において相応の社会的活動を行なう知性団体」としての『学術団体・文化団体・市民団体等の社会的団体』。

ロ、「知性会議（汎人類的汎世界的な有益性と有用性を保有する国際会議・国内会議）」におけるその『記録』。

すなわち、「『会議の開催事実』と『文書・映像・音声等からなる媒体を用いての会議の記録（会議の主催者名・開催趣旨および目的・開催日時・開催場所・参加者・参加人員・議題・

議事議決の内容・結論としての宣言もしくは声明等）』」。

ハ、「人類の知的活動の全分野」における『知性資料』。

すなわち、「学術・文化・政治・経済・民生等の人類の知的活動の各分野」においてそれぞれに創造され生成した『知的情報・知的成果』。

を意味体系的にすなわち類目別的・系統樹的に登録することにより、

3、この「汎人類的知性機構」を

イ、「この汎人類的知性機構において行なわれる会議（人類院会議）の開催およびその他の多種多様な知性活動」にかかわる諸情報。

および、

ロ、「この汎人類的知性機構の機構外において行なわれる汎人類的汎世界的範囲での多種多様な知性活動」にかかわる諸情報。

に関する

『人類社会における最大にして唯一の集積中枢・保存中枢・発信中枢』

とし、

4、かつ、「これらの諸情報の永久的保存と自在な公開」により、『この汎人類的知性機構』を拠点とし中枢とする

『知性主体と知性情報に関する汎人類的汎世界的な情報網・連絡網・連携網』

を形成し機能させ、

5、「個人・団体・国家等の社会主体・知性主体」に対して、その活用により、
イ、「人類社会・国際社会に存在し有益有用である多種多様な知性情報」を容易に大量に迅速に正確に詳細に入手すること。
ロ、「その知性活動の範囲」を容易に迅速に「汎人類的汎世界的範囲」にまで拡大すること。
ハ、その「共通目的の達成」をめざして「個人・団体・国家等といった社会主体・知性主体としての性格と規模を超越した連携活動」を行なうこと。
ニ、その「相互の連携活動」を介して相互に「その知性主体としての汎人類的汎世界的一体感」を形成しつつ「その活動成果の相乗的充実と拡大」を得ること。
ホ、「人類社会・国際社会に汎人類的汎世界的意義を保有して生起する多様な政治的諸問題・社会的諸問題」を「社会主体・知性主体としての個人・団体・国家等におけるその協同作業・連携作業」によって汎人類的汎世界的規模で効率的かつ体系的に解決すること。
を支援し保障し、
6、これらの「機能と作用」により、
「『人類社会において相互に連携し合い連動し合いながらそれぞれに思考し記憶し主張し活動するその数十億の人間細胞からなる人類という知的有機体』における『頭脳』」として機能し作用し、
7、もって、
イ、『人類の知性的統合』。

を成し遂げ実現する

8、汎人類的知性機構。

（3）

およびまた、

1、人類社会において、

イ、その「第一機構機能」としての『人類の意思的統合』。

および、

ロ、その「第二機構機能」としての『人類の知性的統合』。

を成し遂げ実現することによって、

2、『人類大統合』

を成し遂げ実現し、

3、もって、「人類社会の総体における究極理想の政治社会・人間社会の構築」に寄与貢献し「人類の総員における政治的社会的人間的至福の万全なる享受」に寄与貢献する

4、汎人類的知性機構。】

をいう。

二、「人類大統合」の定義

『1』

【人類大統合】とは、

【「人類院におけるその機構活動としての『第一機構機能および第二機構機能の達成』に基づいて成立するまた成立すべき汎人類的知性行為および汎人類的知性状況」で、

1、人類社会において、

イ、全人類にとっての『英知と良心の府』。

および、

ロ、「人類という知的有機体」における『頭脳』。

として存在し機能すべき汎人類的知性機構としての『人類院』を創設し、

2、その機構活動によって、

イ、「第一機構機能」としての『人類の意思的統合』を成し遂げ実現すること。

すなわち、

「人類社会において汎地球的・汎人類的・汎世界的意義を保有して生起した政治的諸問題・社会的諸問題を汎人類的規模で効率的かつ体系的に解決すること」を目的として『人類院会

議』を開催し『人類院声明・人類院特別声明』を発表し『全人類にとっての英知と良心の最大最高の表現機関』として機能することにより、「当該の政治的問題・社会的問題」を効率的かつ体系的に解決し、

もって、『人類の意思の創造』と『人類の意思的統合』を成し遂げ実現すること。

および、

ロ、「第二機構機能」としての『人類の知性的統合』を成し遂げ実現すること。

すなわち、

『人類院』において「汎人類的汎世界的な有益性と有用性を保有すると認められる『非政府団体』『知性会議』『知性資料』」を登録することにより、人類院を『知性情報に関する人類社会における最大にして唯一の集積中枢・保存中枢・発信中枢』および『知性主体と知性情報に関する汎人類的汎世界的な情報網・連絡網・連携網』として機能させ、

もって、『人類の知性的統合』を成し遂げ実現すること。

の「二大機構機能」を達成し、

3、達成したこの『人類院における二大機構機能』を活用し運用することによって、「人類社会の総体における究極理想の政治社会・人間社会の構築」に寄与貢献し「人類の総員における政治的社会的人間的至福の万全なる享受」に寄与貢献する

4、汎人類的知性行為および汎人類的知性状況。】

をいう。

『2』

（1）

なお、「【人類の意思的統合】の定義」に関しては、

1、「本節（第二節）の『第一項・汎人類的知性機構（人類院）の創設』における『三、「人類院運動」』の『4』」を参照。

（2）

また、「【人類の知性的統合】の定義」に関しては、

1、「本節（第二節）の『第二項・人類院における「知性情報登録実務」』における『四、「人類院における知性情報登録実務」の有用性と定義』の『5』」を参照。

第三節・『世界連合』の略構想

第一項・『世界連合』の略構想

一、「世界連合」の特徴

『1』

（1）

現在の**【国際連合】**は、

イ、第二次世界大戦における戦勝国が連合してその主導のもとに戦後の世界秩序を形成すべくまた国際社会・人類社会において生起する政治的諸問題・社会的諸問題とりわけ「戦争と平和の問題」を解決すべく創設された『汎世界的国家連合機構』。

であり、「国際連合憲章」もこの趣旨に従って編成され制定されている。

（2）

ところが、創設後七十年の間に「冷戦構造の発生と消滅といった国際情勢の変転や国力とりわけ経済力の盛衰に伴う大国各国間の力関係の変移」も生じ、さらには旧植民地の大量独立を要因に加盟国家数そのものも発足当時（51カ国）の三倍以上（約１９０カ国）と大きく変容している。

また、今日の国際社会・人類社会においては、**『情報化社会』**、すなわち「パソコン・携帯電話・インターネット・Eメールといった電子情報機器類・通信機器類や電子情報交流手段・連絡手段を民衆が自在に駆使し国家国境の枠と壁を越えて容易かつ大量・迅速に情報と意思の相互交流を行ない合う社会」。という半世紀前には想定すらできなかったような「新社会状況」が全地球的規模で出来し、『この汎世界的・汎人類的規模での広範な情報と意思の交流によって発生する新たな社会的政治的影響力』が「国家の古典的な対国民統制力」を超越して各国国民相互の社会意識・政治意識の連携や連帯を促し主義主張や価値観の共通化共有化を強める事態。も**「当然の国際的社会現象・政治現象」**として急速に普遍し始めている。

（３）

「国際社会・人類社会におけるこうした急激な政治状況・社会状況の変容と時代背景の変化」を考え合わせてみるならば、

「『二十世紀から二十一世紀にかけての今日のこの**世紀の転換点**』すなわちまた『国家および人類の総員総体における**歴史意識と国際意識を大革新すべきこの時期**』」にあたり、

【国際連合】も「国際社会・人類社会において生起する政治的諸問題・社会的諸問題を解決するための広範かつ効果的な機能と役割」を果たすべく、

イ、「**新世紀の新世界秩序**」を形成するにふさわしい『**新しい世界統合理念**』。

すなわちまた、

ロ、「七十年前という〝大昔〟の戦勝事実をいまだに振りかざし『その機構と運営の正当性根拠』とする（現在の）戦勝国主導型・五大国特権型の機構原理・運営原理」に代わる『**新しい機構原理・運営原理**』。

に基づき、

【新しい汎世界的国家連合機構】

として改革されるべきである。

『2』

（1）

「**国際連合の改革機構**」としては、

【世界連合】

の構想がなされるべきである。

（2）

すなわち、人類はその人類史的世界史的進化にかかわる営為の一としての「『**汎世界的国家連合機構**』の設立と運営にかかわる営為」において、

1、二十世紀および二十一世紀の二世紀にわたる期間内に以下の「1」～「3」に示すような「『第一世代から第三世代までの各国家連合機構』の設立と運営」を行なうが、

2、**【世界連合】**は、その『**第三世代の汎世界的国家連合機構**』であり、

イ、「第二世代の汎世界的国家連合機構としての『国際連合』」の『**改革機構**』としての性格。

を保有する。

「1」

1、「第一世代の汎世界的国家連合機構」としての『**国際連盟**』。

1、「二十世紀前半期の時代」における汎世界的国家連合機構で、

2、第一次世界大戦の惨禍に対する反省に基づき、「国際社会における戦争の防止と平和の形成・維持を主目的として設立された国家連合機構」であったが、「主要国の不参加や相次ぐ脱退による機能喪失および第二次世界大戦防止の失敗」を要因に機構としての崩壊と消滅に至った汎世界的国家連合機構。

「2」

2、「第二世代の汎世界的国家連合機構」としての『**国際連合**』。

1、「二十世紀後半期から二十一世紀中期にかけての時代」における汎世界的国家連合機構で、

2、国際連盟の失敗と第二次世界大戦の惨禍に対する反省に基づき、「国際社会における戦争の防止と平和の形成・維持、および、各国国民における人権の尊重と民生・福祉の向上」をめざして設立された汎世界的国家連合機構。

3、その活動により所期の目的を相応に達成しえた半面、「主機関である安全保障理事会における拒否権容認等の**戦勝五大国主導方式の限界性**」と「敵国条項・信託統治条項・軍事行動条項等を含む**設立当初の憲章理念に係る時代不適合性の拡大**」を要因に、二十一世紀中期に至って『**世界連合**』へと改革される汎世界的国家連合機構。

「3」

3、「第三世代の汎世界的国家連合機構」としての【**世界連合**】。

1、「二十一世紀中期以後の時代」における汎世界的国家連合機構で、

2、「**国際連合の改革機構**」として、

イ、以下の『3』～『5』において述べる特徴。

ロ、(後述の)『二、「世界連合」における運営目的』において述べる活動目的。

を保有して存在し活動する汎世界的国家連合機構。

3、また、『**汎世界的な国家の連合機構**』として、
イ、「その機構運営に関する相互に対等な権利権能を保有し合う加盟各国」に対する『弱い（機構運営秩序を形成し維持しその運営目的を達成するための必要最小限の）連邦的統治権能（強制的執行権能）』を備えた執行機関。
を具有する汎世界的国家連合機構。

『3』
（1）
【世界連合】は、
（2）
1、**【国際連合の改革機構】**である。
すなわち、『世界連合』は、
1、「『人類における国際連盟および国際連合の運営経験（成功経験・失敗経験）』を参考に【国際連合の改革機構】として設立され運営される汎世界的国家連合機構」で、
2、「国際連合における主要機構・機能・権能、および、職員・施設・運営方法・運営経験」を継承し、かつ、これらを
イ、（後述の）『二、「世界連合」における運営目的』において述べる活動目的。
に合致するように改善改良して運営される『汎世界的国家連合機構』である。

『4』

（1）

【世界連合】は、

1、「**加盟各国に対する対等なる権利権能の保障**」と「**特権国の不設定**」を運営原理とする『汎世界的国家連合機構』である。

（2）

すなわち、

1、「世界連合の前身である国際連合」は、設立七十年に至るも、いまだに

イ、「第二次世界大戦の〝戦勝国（連合国側）〟としての五大国（某・某・某・某・某の五国）」の主導による機構運営方式。

すなわち、

ロ、『設立時点での国家の性格（戦勝国・戦敗国）や国力の差異に基づく権利権能上の差別（特権国・不特権国の設定）』を具有し続ける機構運営方式。

を採り入れて〝**惰性的に**〟運営されている。

2、この結果、『国際連合』においては、これらの〝大国〟による行為行動、とりわけ「安全保障理事会における常任理事国による〝**拒否権**〟の乱用等の行為行動」により、

イ、「その機構運営の最大の目的である『国際平和の形成と維持』」を十分になしえず「**機構そ**

ののの無力化」をさえ招いてしまう事態。
がしばしば生じている（冷戦崩壊後においては拒否権行使は激減してはいるが消滅したわけではない）。

（3）
「この事態に対する反省」に基づき、**【世界連合】**においては、
イ、各国における『**加盟資格と運営資格**』。
に関しては、
1、その「国力」および「歴史的経緯・事情」を「資格と単位の要素」とはせず、
2、『**加盟各国**』は、それぞれ、
イ、相互が対等に保有しうる**【政治的真理・政治的正義・政治的良心の一単位】**としての資格。
においてのみ「世界連合」に加盟し、かつ、機構運営に参加する。

（4）
（注）。
イ、国家が主張する**【政治的真理・政治的正義・政治的良心】**の主張とその正当性。
は、「国力」とはまったく無関係である。
すなわち、
1、「『人口・国土面積・経済力・資源力・軍事力・技術力・文化力等々の国力要素』において『大国』であるからその主義主張は『小国』におけるその主義主張よりも【政治的真理性・政治的

正義性・政治的良心性**】**において優れている」

などということは絶対的にありえず、

2、したがってまた、『**世界連合**』が

イ、加盟各国における主義主張の『**場**』。

すなわち

ロ、「その主義主張における『政治的真理性・政治的正義性・政治的良心性』」を争い国際社会

において『政治的真理・政治的正義・政治的良心の実現』を志向し成し遂げるべき『**場**』。

である以上、

3、『**小国**』といえども、

イ、「大国とまったく対等な思想的存在」の**【一単位】**。

ロ、すなわち、「その票決」に際しては**【大国とまったく対等な一票の権利】**を保有し行使す

る国家。

としてその加盟を果たしその主義主張と行為行動をなしうるものである。

（5）

したがって、**【世界連合】**においては、

1、「**加盟各国**」に対しては、それぞれ

イ、「機構運営上の相互に対等かつ平等な権利権能」の『**一単位**』。

ロ、（例えば）、「世界連合総会における議決権・投票権」としての『**相互に対等かつ平等な一票**』。

が保障され、かつ、
ハ、「運営権利と運営権能上の『**いかなる特権国・不特権国**』」も設定することのない機構運営。
が行なわれる。
（6）
もとより「（1）～（5）における趣旨」は、

「『**世界連合の存立と運営に係る基本理念**』として【**世界連合憲章**】」

に明記されるものである。


『5』
（1）
【**世界連合**】は、
1、「【**人類院**】との相互補完的連携行動による問題解決」を行なう【汎世界的国家連合機構】
である。
（2）
すなわち、【**世界連合**】は、
1、「2020年代の時期における『人類院』の創設」から十年程度後に『**人類院による創設勧告**』
に従い「2030年代の時期において創設される国際政治機構」で、
2、「人類社会・国際社会におけるその**国際政治機構としての権威**」において

『**人類院と同一の〝格〟**』を保有する国際政治機構である。

（3）

また、『世界連合および人類院』が人類社会・国際社会において生起する「重要かつ緊急的な政治的諸問題・社会的諸問題」を解決するに際しては、一般的には、

1、「**世界連合と人類院**」は、「『当該問題解決のための共通議題』を設定した『**世界連合における該当会議**』と『**人類院会議**』」を同時期的に開催し、「会議運営の連携」を行ないつつ、

2、『人類院』が、「**人類にとっての英知と良心の府**」として、「『人類院声明もしくは人類院特別声明』の発表によってこれを『**理念的・理想主義的に**』解決すること」

をめざすのに対し、

3、『世界連合』は、「その構成単位が相互に外交的利害関係や国力的力関係を保有し合う国家であるとの機構上の基本的性格」を要因に、「『世界連合決議』等の表明によってこれを『**実利的・現実主義的に**』解決すること」

をめざす。

（4）

したがってまた、『**世界連合**』は、「人類社会・国際社会において生起する政治的諸問題・社会

的諸問題を解決する」に際しては、

1、「その機能と作用を『**人類院と相互補完的に**』連携し合う」ことによって、

「これらの政治的諸問題・社会的諸問題を汎人類的規模・汎世界的規模で効率的かつ体系的に解決すること」

をめざす。

『6』

（1）

なお、「『世界連合の創設』と『人類院』との関係」に関しては、以下の（2）～（5）のとおりである。

（2）

【世界連合】は、

イ、『**現国際連合の改革機構**』で「汎世界的国家連合機構としての第一世代の国際連盟・第二世代の国際連合に次ぐ**【第三世代の汎世界的国家連合機構】**」。

であるが、

「安保理常任五大国（某・某・某・某・某の五国）が強大な既得権益を占有しかつ権益維持のためならば利害立場を超えて連携してでも手放すまいとしている現国際連合の状況」

を考えてみれば、その『**創設**』は極めて困難な事案であることはいうまでもなく、

ロ、**『現国際連合単独での自律的改革』**、すなわちまた「現国際連合加盟国による提案と賛同と支持に基づく『世界連合の創設』」。

はほとんど期待できない恐れさえもある。

（3）

おそらく、人類がその実現、すなわち、

イ、**「憲章の全面改革も含めての国連の根幹的改革」**としての**【世界連合の創設】**。

を成し遂げるためには、

1、まず、

イ、「**『汎人類的知性機構』**として国際連合よりも上位の**『知的機構権威』**を保有する国際知性機構」としての**【人類院】**。

を創設し、

2、この**【人類院】**において、

イ、「国際機構に関する専門的知識人」を集めての**【「世界連合創設」人類院会議】**すなわち『国際連合改革と世界連合創設を議題とする人類院会議』。

を数年間にわたって継続的に開催し、

3、「その合議の最終的結論」としての

イ、「世界連合創設理念」「世界連合憲章」「世界連合機構概要」「世界連合運営概要」等からなる『**世界連合の創設にかかわる具体的な機構案**』。
ロ、「国際連合および加盟各国」に対する『世界連合創設』の「**勧告**」。
ハ、「全人類」に対する『世界連合創設』の提唱。
を【**人類院特別声明**】として国際連合および加盟各国に通告し、また全人類および人類社会に広報広告し、
4、もって、「国際連合加盟全国家」に対して
イ、『**人類総員の声・人類の意思**』としてのこの【**人類院特別声明**】。
に従い、「【**世界連合**】の創設に向けて具体的行動を起こすこと」を〝**道義的に強要する**〟方法。

が最も現実的かつ唯一の方法であると考えられる。

（4）
分かりやすくいえば、
イ、「安保理常任五大国（の反対意思）を押さえ込み従わせうるだけの高度な『**知的権威性および知的説得能力**』」を持った【**汎人類的存在**】。
と
ロ、この『汎人類的存在』による「**具体的提案と道義的強制**」。
がないかぎり
『**現国際連合の全面改革と世界連合の創設**』

は「不可能もしくはきわめて困難」ということであり、この意味においても**【人類院の創設】**が急がれるわけである。

（5）

したがってまた、

「二十一世紀前期時点（2020年代想定）において創設される**【人類院】**」は、「その機能と作用を『国際連合』というよりも**【世界連合】**と相互補完的に連携し合うこと」によって、「人類社会・国際社会において生起する政治的諸問題・社会的諸問題を汎人類的汎世界的規模で効率的かつ体系的に解決する」ことになる。

二、「世界連合」における運営目的

『1』

【世界連合】は、「機構運営の最大目的」をイ、以下の「1」〜「5」に示す『**恒久平和の実現**』。とする**【汎世界的国家連合機構】**である。

「1」

（1）

「国際連盟・国際連合」においては、「その機構運営目的の一である『**国際平和の形成と維持**』」を図るに際しては、

1、「諸国における戦争の発生と戦争状態の存在」を『当然にして不可避の前提』として発想し、

2、かつ、現実的にも両機構はその活動にもかかわらず多くの戦争の発生を防ぐことはできず、軍縮問題の解決に対しても（一部事案を除き）ほとんど無力であった。

（2）

一方、「二十一世紀前半期の人類社会」においては、「人類社会および国際社会における『**共通の時代認識**』」として、

1、「各国・各国国民および全人類」は、

イ、地球的規模での人口爆発や各国における経済成長と各国国民における生活の質的量的向上を主要因として必然的に発生する資源・食糧・エネルギー問題等およびまた衣食住・医療・教育・就労・住宅・環境問題等の人類全体の生存と生活の根幹にかかわる諸問題。の解決に、「**その総力をあげて取り組む必要**」に迫られる。

2、したがって、人類は、歴史環境的にも、

イ、『**戦争**』はいうに及ばず、『**軍備軍隊の保持・運用**』などという非生産的かつ現象原理的にも非人道的であるこれらの営為に膨大な国費・人員・資源・産業施設等々を浪費するという

〝愚かな行為〟。

から一年一日も早く脱却し卒業しなければならない。

3、すなわちまた、人類は、その総員が協調協和し協力協同しつつ

イ、「戦争と平和の問題の解決にかかわる**全人類の全英知の終極的到達点**」である**【恒久平和の実現と確立】**。

に向けて邁進しなければならない。

との時代認識がなされ、

（3）

もって、『**世界連合**』においても、

「二十一世紀前半期において人類の総員総体が緊急的かつ絶対的に達成しなければならない『**最大の政治的哲学的課題**』は**【恒久平和の実現と確立】**である」

との明確なる目的意識のもとにその機構運営がなされることとなる。

「2」

（1）

【世界連合】においては、

イ、「戦争と平和の問題の解決」すなわちまた『**恒久平和の実現**』に係る汎世界的状況認識。

として、「以下の（2）の1〜6に示すような『**状況認識**』」を行なう。

（2）

人類社会・国際社会においては、二十一世紀の時代が進むほどに

1、「避けがたい人口爆発現象（とりわけ発展途上各国における貧困層人口の爆発的増加現象）や各国民における生活水準の質的量的向上現象に応じて必然的絶対的に深刻化する資源・食糧・エネルギー問題」等を円満円滑に解決するためには、

「国家もしくは国家地域間における軍事力・経済力や軍事的力・経済的力を背景にした政治力による〝覇権主義的争奪〟ではなく、『**国際協調による分配**』を行なう方が結果的には全体的利益となる」

との考えが国際社会における共通認識となる。

2、「人・物・資金資本・労働力・情報等の**国際化**」が一段と進み、

イ、とりわけ「**電子通信機器・情報機器類**の急激な機能的進化進歩によって全地球的全人類的全世界的規模で惹起され展開される**情報通信網・情報交流網の爆発的な普及と多重的多節的発達**」は、『国家利害の多国間における連動連帯状況』を推進し各国国民の国家意識国民意識をも超えて国際社会そのものを【**運命共同体化**】してしまう。

ロ、「全国家間における**交易網・物流網・人的交流網の緊密化・大量化**」が成され、すべての国家において「成立し既成事実化したこの国際関係を阻害したり破壊したりすることは当該

国家自身の国益を現実的に損なう結果となること」が〝自明の理〟となってしまう。

ことで、「**国家間における国交断絶的対立やその破局的対立としての戦争**（とりわけ全面戦争的戦争）**の発生と遂行自体**」を著しく困難もしくは不可能とさせてしまう。
3、「各国の国民における教育水準・知性知識水準の向上」と連動しての『**主権者意識や人権意識・人命尊重思想の向上**』により、
「国家が民意民心を無視してもしくは強権的に従属させて人命の喪失を発生させるような外交手段や軍事的強行政策を遂行する」

ことは困難もしくは不可能となる。
4、「**日本国**」において成される
イ、（筆者・竹本護による）「民主主義が固有する思想原理的欠陥を超克しえた新政治哲学」としての【**契約主義**】の提唱。
ロ、「この新政治哲学に基づく『人類史上初の契約国家としての【**日本契約国**】』」の建国。
およびまた、この『新政治哲学国家・日本契約国』を規範国家としての「民主国家諸国の相次ぐ【**契約国家化**】」によって生じる
ハ、『**個人意識**（個人原理）の**国家意識**（国家原理）に対する**優越認識**』の汎世界的普遍化。
および、
ニ、「国家統治にかかわる**全権的主権**」を得た各国国民による国家の行為行動に対する『**主導的制御機能**』の強化。

により、「国家行為としての戦争や軍事的対外行動」は国際意識的にも内政意識的にも厳しく制限されることとなる。

5、**【日本契約国】**が、

イ、「**契約主義**に基づいて（筆者・竹本護が）独創的に構築した**体系的恒久平和構想**」としての**【『契約主義大論』第二巻・「契約主義」における『恒久平和構想』】**。

を根拠に、

ロ、『二十一世紀中期の半ば頃（２０５０年前後のいずれかの時期）における**恒久平和の実現**』が「時代現実性のある営為」であることを理念的かつ方法論的に主張する**【人類史上初の大国】**。

として登場し、

国際社会に対して、

「**『明確な国家意思および外交努力としてのその主張』**を行なう（２０５０年前後のいずれかの時期に**『恒久平和』**を実現しようと〝**やかましく言い立てる**〟）」

ことになることにより、

『恒久平和の現実感認識と実現意識』が汎人類的汎世界的規模で普遍化され現実化され共通認識化されることとなる。

6、「日本国民による提唱と主導的創設運動および日本契約国（もしくは日本国）によるその支援と協力」によって二十一世紀前期の半ば頃（２０２０年代想定）の日本契約国（もしくは日本国）内においてイ、「『**人類の意思的統合と知性的統合**』を成し遂げ、もって『**人類大統合**』を成し遂げることをその運用目的とした『汎人類的知性機構』」としての【**人類院**】。

が創設され運用されることとなり、

「人類社会に生起した戦争と平和の問題」に対しても、

ロ、「各問題事態の解決に向けて全人類の英知と良心を代表する知性人を結集した汎人類的会議としての【**人類院会議**】」の開催と「その成果としての【**人類院声明**】【**人類院特別声明**】」の発表。

により、そのつどの総人類的解決が図られるようになる。

等々の国際環境や時代背景およびまた人類全体の意識変化が不可避的に生成し確立されることにより、『**恒久平和の実現という人類の宿願**』が現実性をもって人類社会に意識されるようになり、

したがってまた、人類は、「二十一世紀中期の時代」を想定するとき、

諸国においても諸国民においても、ついにその協調的相互努力により

「『**諸国間・諸国内における戦争の根絶と諸国における軍備軍隊の完全廃棄**』を十分になしうる政治的成熟性を有する進化段階・知性段階」

にまで進化しえることとなる。

（3）

『**世界連合**』においては、

1、「(2)における**時代状況認識**」および「(後述する)『恒久平和志向史観』としての**【段階平和史観】**」に基づき、

2、「いずれかの国家間や国家内において現に戦争状態を有しかつ近未来における戦争発生の可能性を回避しえない時代」としての『**二十一世紀初頭期から二十一世紀前期にかけての時代**』をその発想上の起点として、

3、**【恒久平和時代**＝恒久平和の実現と確立を成し遂げえた時代**】**に至るまでの時代過程を

一、第一平和段階＝「**有軍有戦時代**」

イ、「二十一世紀前期の終わり頃以前」の全時代。

すなわち、

ロ、「『2030年前後のいずれかの時期(年度)』に開始される『有軍無戦時代』以前」の全時代。

二、第二平和段階＝「**有軍無戦時代**」

イ、「二十一世紀前期の終わり頃から二十一世紀中期の初め頃」にかけての時代。

すなわち、

ロ、「『有軍有戦時代』を終了した後の『2030年前後のいずれかの時期(年度)』」に開始されたのち「『2040年前後のいずれかの時期(年度)』において『完全軍縮時代』に到達すること」によって終了する恒久平和志向時代。

三、第三平和段階＝「**完全軍縮時代**」

イ、「二十一世紀中期の初め頃から二十一世紀中期の半ば頃」にかけての時代。

すなわち、

ロ、「『有軍無戦時代』を終了した後の『２０４０年前後のいずれかの時期（年度）』」に開始されたのち「『２０５０年前後のいずれかの時期（年度）』において『恒久平和時代』に到達すること」によって終了する恒久平和志向時代。

四、第四平和段階＝「**恒久平和時代**」

イ、「二十一世紀中期の半ば頃以後」の全時代。

すなわち、

ロ、「『完全軍縮時代』を終了した後の『２０５０年前後のいずれかの時期（年度）』に開始されて以後」の全時代。

の四段階に区分して構想し、

4、かつ、それぞれの時代におけるそれぞれの「戦争と平和の問題にかかわる軍事的課題・政治的課題」をそれぞれに解決することにより、

イ、「**段階的かつ終極的に**」人類社会を『恒久平和』に至らせ人類社会に『恒久平和』を確立すること。

をめざす。

（4）

ただし、

【恒久平和】とは、

【人類にとっての戦争と平和の問題の解決にかかわる『汎世界的汎人類的な政治的時代状況』の一で、

1、「すべての国家における『完全軍縮の達成』」により、

イ、すべての国家が「軍隊と軍備と軍需機構および軍事関連法」をいっさい保有しない汎世界的な政治状況。

が確立され、

2、かつ、「すべての国家の憲法における『統一恒久平和条項の制定』」により、

イ、「すべての国家が以後の時代においては永久的に『軍隊と軍備と軍需機構および軍事関連法』をいっさい保有せず、かつ、すべての国家においてその復活のありえないこと」の汎世界的な法的保障。

が確立され、

3、したがって、「すべての国家およびすべての国家内政治勢力において『戦争遂行のための物理能力的手段の保有と行使およびその法的正当性の確立』が不可能となること」により、

イ、「人類社会全体における国家間戦争の根絶と国家内戦争の根絶」、すなわちまた『全戦争の根絶』。

が成し遂げられ、
4、したがってまた、人類社会から「『国家間戦争のみならず国家内戦争も含めてのすべての戦争と戦争行為』の行なわれる可能性」が現在時点においても将来時点においてもともに『完全かつ永久的に』なくなってしまった
5、汎世界的汎人類的な政治的時代状況。】
をいう。

「3」

（1）
人類が人類社会において**【恒久平和】**を実現し確立するためには、その『不可欠の一条件』として、
1、人類は人類社会において、まず、「恒久平和の実現と確立に対する全人類の歴史意識・時代意識」を
イ、「恒久平和の実現と確立」に向けての希望と確信に満ちた**未来意識**。
へと統一的に規律し誘導することが必要である。
すなわち、
2、人類は人類社会において、
イ、「いつ（西暦何年頃）この人類史的理想を実現し確立するか」のその『**歴史時間的な目標**

時点』の具体的設定。

および、

ロ、「現在時点からどのような思想的軍事状況的推移進展をへてこの目標時点に到達するか」

のその『**歴史過程**』の具体的設定。

を行なうことが必要である。

（2）

この

イ、「恒久平和の実現と確立に向けての目標時点とそこに至るまでの歴史過程」の具体的な設定。

したがってまた、

ロ、「恒久平和の実現と確立にかかわる世界史的人類史的歴史観」の確立。

すなわちまた、

ハ、**【人類普遍の恒久平和史観】**の確立。

がなされてこそ、人類は、

1、「希望と確信に満ちた歴史意識・時代意識、とりわけ未来意識とともに『恒久平和の実現と確立』を志向すること」が可能となり、

2、「この全人類的理想の実現と確立をめざしての未来への希望と確信を抱きその意欲を高めその思考を凝らしその行動を起こすこと」が可能となるものであり、

3、すなわちまた、「人類社会を『恒久平和の実現と確立』に向けていっそう着実かつ迅速に誘

導し前進させること」が可能となるものである。

「4」

（1）

『世界連合』においては（もとより**『人類院』**においても）、

この**【人類普遍の恒久平和史観】**としては、以下の（2）の定義に示すような

【段階平和史観】

をその基幹的な**【恒久平和志向理念・恒久平和志向史観】**として『恒久平和の実現と確立』を

めざすものである。

（2）

すなわち、

【段階平和史観】とは、

【「『恒久平和条件としての第一恒久平和条件を満たす人類普遍の恒久平和史観』として機能す

べき『未来史観』」で、

（1）

1、『契約主義における恒久平和構想』の一として「人類にとっての戦争と平和の問題を解決し

人類社会に恒久平和を実現し確立すること」を目的として、

2、「構想者」における

イ、「人類にとっての戦争と平和の問題の解決にかかわる各時代の時代状況のその歴史的推移進展」に対する『洞察』。
ロ、「恒久平和の実現と確立」に対する『希求』。
ハ、「恒久平和の実現と確立」に対する『意志』。
を統一的調和的に合一させて構想され、

（２）

1、「いずれかの国家間や国家内において、現に戦争状態を有しかつ近未来における戦争発生の可能性を回避しえない時代としての二十世紀末から二十一世紀初頭期の時代」をその発想上の起点に、
2、『恒久平和の実現と確立を成し遂げえた時代』に至るまでの時代過程を

（イ）

一、第一平和段階＝「有軍有戦時代」
イ、「二十一世紀前期の終わり頃以前」の全時代。
すなわち、
ロ、「『2030年前後のいずれかの時期（年度）』に開始される『有軍無戦時代』以前」の全時代。
で、
1、（微小国家・特殊状況国家を除き）、すべての国家が「軍隊と軍備」を保有し、かつ、世界

各地で現に「国家間戦争や国家内戦争（内戦）」が行なわれ、その近未来においてもなお「国家間戦争や国家内戦争（内戦）」の行なわれる可能性のある時代。

2、また、未だ「恒久平和」を志向しての「顕著な軍縮行為」の行なわれることのない時代。

3、ただし、すべての国家において

イ、「第一軍事禁止命題」としての「いかなる国家も『侵略行為』を行なってはならない」。

との「軍事禁止命題」が達成される時代。

二、第二平和段階＝「有軍無戦時代」

イ、「二十一世紀前期の終わり頃から二十一世紀中期の初め頃」にかけての時代。

すなわち、

ロ、「『有軍有戦時代』を終了した後の『2030年前後のいずれかの時期（年度）』」に開始されたのち「『2040年前後のいずれかの時期（年度）』において『完全軍縮時代』に到達すること」によって終了する恒久平和志向時代。

で、

1、（微小国家・特殊状況国家を除き）、すべての国家が「軍隊と軍備」を保有してはいても、また、いずれかの国家においてなお「国家内戦争（内戦）」が行なわれてはいても、世界のいずれの地域においても現に「国家間戦争」が行なわれてはおらず、その近未来においても「国家間戦争」の行なわれる可能性のない時代。

すなわちまた、国際社会・人類社会において『国家間戦争の根絶』が成し遂げられる時代。

2、また、『大軍縮』が遂行され、かつ、達成される時代。
3、およびまた、すべての国家において
イ、「第二軍事禁止命題」としての「いかなる国家も『国外派兵』を行なってはならない」。
ロ、「第三軍事禁止命題」としての「いかなる国家も『国外攻撃』を行なってはならない」。
との「軍事禁止命題」が達成される時代。

三、第三平和段階＝「完全軍縮時代」
イ、「二十一世紀中期の初め頃から二十一世紀中期の半ば頃」にかけての時代。
すなわち、
ロ、「『有軍無戦時代』を終了した後の『２０４０年前後のいずれかの時期（年度）』」に開始されたのち「『２０５０年前後のいずれかの時期（年度）』において『恒久平和時代』に到達すること」によって終了する恒久平和志向時代。
で、
1、世界のいずれの地域においてもすでに『国家間戦争の根絶』が成し遂げられており、かつまた、世界のいずれの国家においても現に「国家内戦争（内戦）」が行なわれてはおらず、その近未来においても「国家内戦争（内戦）」の行なわれる可能性のない時代。
すなわちまた、国際社会・人類社会において『国家間戦争の根絶と国家内戦争の根絶』がともに成し遂げられ、『全戦争の根絶』が成し遂げられる時代。
2、また、『完全軍縮』が遂行され、かつ、達成される時代。

3、およびまた、すべての国家において『統一恒久平和条項の制定準備と制定』がなされる時代。
4、すなわちまた、すべての国家において
イ、「第四軍事禁止命題」としての「いかなる国家も『軍備保有』を行なってはならない」。
ロ、「第五軍事禁止命題」としての「いかなる国家も『兵器製造』を行なってはならない」。
ハ、「第六軍事禁止命題」としての「いかなる国家も『軍法制定』を行なってはならない」。
との「軍事禁止命題」が達成される時代。

四、第四平和段階＝「恒久平和時代」
イ、「二十一世紀中期の半ば頃以後」の全時代。
すなわち、
ロ、「『完全軍縮時代』を終了した後の『２０５０年前後のいずれかの時期（年度）』に開始されて以後」の全時代。
で、
1、「すべての国家における『完全軍縮の達成』」により、
イ、すべての国家が「軍隊と軍備と軍需機構および軍事関連法」をいっさい保有しない汎世界的な政治状況。
が確立され、
2、かつ、「すべての国家の憲法における『統一恒久平和条項の制定』」により、
イ、「すべての国家が以後の時代においては永久的に『軍隊と軍備と軍需機構および軍事関

連法』をいっさい保有せず、かつ、すべての国家においてその復活のありえないこと」の汎世界的な法的保障。

が確立され、

3、したがって、「すべての国家およびすべての国家内政治勢力において『戦争遂行のための物理能力的手段の保有と行使およびその法的正当性の確立』が不可能となること」により、イ、「人類社会全体における国家間戦争の根絶と国家内戦争の根絶」、すなわちまた『全戦争の根絶』。

が成し遂げられ、

4、したがってまた、人類社会から「『国家間戦争のみならず国家内戦争も含めてのすべての戦争と戦争行為』の行なわれる可能性」が現在時点においても将来時点においてもともに『完全かつ永久的に』なくなってしまった時代。

（ロ）

の四段階に区分して構想し、

（3）

1、全国家および国際社会において「それぞれの時代におけるそれぞれの戦争と平和の問題にかかわる軍事的課題・政治的課題」をそれぞれに解決することにより、

2、「段階的かつ終極的に』人類社会を『恒久平和』に至らせ人類社会に『恒久平和』を確立する

3、未来史観。】

をいう。

「5」

（1）

また、『**世界連合**』においては、**【段階平和史観】**に基づき、『**人類院**』と協同して、

1、「有軍無戦時代到達時点（2030年前後のいずれかの時期）」において、

｛**【人類院特別声明】**としての

イ、人類院における「有軍無戦時代到達宣言」

ロ、人類院における「国家間戦争根絶開始宣言」

ハ、人類院における「大軍縮開始宣言」

と合わせて｝

【世界連合決議】としての

イ、世界連合における「有軍無戦時代到達宣言」

ロ、世界連合における「国家間戦争根絶開始宣言」

ハ、世界連合における「大軍縮開始宣言」

を決議し、

2、「完全軍縮時代到達時点（2040年前後のいずれかの時期）」において、

｛**【人類院特別声明】**としての

イ、人類院における「完全軍縮時代到達宣言（国家間戦争根絶宣言・大軍縮達成宣言）」
ロ、人類院における「完全軍縮開始宣言」
ハ、人類院における「統一恒久平和条項制定準備宣言」
と合わせて ｝
【世界連合決議】としての
イ、世界連合における「完全軍縮時代到達宣言（国家間戦争根絶宣言・大軍縮達成宣言）」
ロ、世界連合における「完全軍縮開始宣言」
ハ、世界連合における「統一恒久平和条項制定準備宣言」
を決議し、

3、「恒久平和時代到達時点（２０５０年前後のいずれかの時期）」において、
｛【人類院特別声明】としての
イ、人類院における「恒久平和時代到達宣言（完全軍縮達成宣言・統一恒久平和条項制定完了宣言・全戦争根絶宣言・恒久平和達成宣言）」
ロ、人類院における「恒久平和継続保障宣言」
ハ、「世界連合との協同宣言」としての「恒久平和達成協同宣言」
と合わせて ｝
【世界連合決議】としての
イ、世界連合における「恒久平和時代到達宣言（完全軍縮達成宣言・統一恒久平和条項制定完

了宣言・全戦争根絶宣言・恒久平和達成宣言）」
ロ、世界連合における「恒久平和継続保障宣言」
ハ、「人類院との協同宣言」としての「恒久平和達成協同宣言」
を決議し、
4、もって、
イ、各時代ごとに各国・各国国民および人類が「恒久平和の実現と確立をめざして成し遂げねばならない汎世界的・汎人類的な政治的軍事的目標」。
を提示し、かつ、その達成事実を確認することにより、
5、人類社会を『**恒久平和の実現と確立**』に向けて誘導し推進する。
（2）
また、『**世界連合**』においては、
イ、恒久平和の実現を志向する世界連合自身におけるその志向決意の証し。
として、またさらに、
ロ、恒久平和の実現と確立に向けて各国・各国国民および全人類を啓発し各国・各国国民および全人類の意識と思想と行動を恒久平和の実現と確立に向けて体系的統一的に誘導し志向させること。
を目的として、
1、「国際連合における『安全保障理事会』」を

イ、**【恒久平和理事会】**。
と**改称改組**し、その「**機関運営の主目的**」を
ロ、「『近未来における歴史的現実となるべき恒久平和の実現と確立』に向けての『**戦争の根絶と軍縮の推進**』にかかわる諸問題」の時事的解決もしくは継続的解決。
とする。

（3）

また、『**国際紛争・国内紛争**』すなわち「各国間および各国内において発生した戦争や軍事紛争およびその他の係争事案にかかわる諸問題」を解決するに際しては、
1、世界連合自身が率先して、**【その憲章（世界連合憲章）】**において、
イ、その問題解決のための方式と手段としては、『**武力行使の方式と手段**』は「**いっさい用いない**」こと。
を宣言し、
2、かつまた、その解決と調停は、
イ、「**非武力行使**」の方式と手段。
すなわち、
ロ、「政治的制裁・経済的制裁・文化的制裁・軍需的制裁等の**非軍事的協同制裁行為**の執行」
および「当事国・当事者との話し合い」のみ。
によって、これを行なう。

（4）

すなわち、『**世界連合**』は、

イ、「恒久平和の実現と確立を志向すべき各国・各国国民および全人類」に対する『**先駆的先導的規範行為**』。

として、

1、その「機構制度」としては、

イ、「国際紛争・国内紛争を解決するための手段」としての『**世界連合直属の武力機構**（世界連合軍等）』。

に関しては、「**常備的にも臨時的・時事対応的にも**」いっさいこれを保有もしくは形成せず、

2、「世界連合決議」としては、

イ、加盟国が世界連合の名のもとにもしくはその承認を得て単独でもしくは連合して武力行使を行なう『**決議**』。

に関しては、「**これをいっさい行なわず**」、

3、かつ、これらの旨を【**世界連合憲章**】に明記する。

『2』

【**世界連合**】は、

1、『**恒久平和の実現**』を「機構運営の最大目的」とし、

さらに、以下の『3』の「1」～「5」に示すように

2、『**機構運営の主要目的**』を

イ、「政治的社会的人間的至福の五要素」の形成と確立。

ロ、「基本的生存権」の保障。

ハ、「南北格差」の是正。

ニ、「地域的紛争・地域的利害対立」の調停。

ホ、「環境問題」の解決。

ヘ、「経済・文化・学術」の振興。

の六種の目的とする【**汎世界的国家連合機構**】である。

『3』

「1」

1、「政治的社会的人間的至福の五要素」の形成と確立。

（1）

「世界連合におけるその機構運営に際しての『**統括的目的**』」は、

1、「国際社会および各国において、各国国民および全人類にとっての理想の政治社会・人間社会である『各国国民および全人類のそれぞれがその生存と生活において十全なる満足の得られる政治社会・人間社会』を築くこと」

とする。

（2）

すなわち、『**世界連合**』は、

「国際社会および各国において**【政治的社会的人間的至福の五要素】**としての

イ、政治的人間的自由

ロ、社会的人間的平等

ハ、主権的人権的尊厳

ニ、国際的国内的平和

ホ、文化的文明的繁栄

の形成と確立を成し遂げること」

を『その機構運営の統括的目的』とする。

（3）

ただし、

【政治的社会的人間的至福の五要素】とは、

【政治社会・人間社会において「その政治制度的保障と政策的実行およびまた社会構成員による社会意識的発現」が現実的に行なわれ、もってその五種の政治的社会的人間的状況が同時的に十全に形成され確立され保障されることによって、社会構成員のそれぞれが『政治的社会的人間的至福』を実感しうる「五種の政治的社会的人間的状況要素」で、

（1）

一、第一政治的社会的人間的至福要素＝「政治的人間的自由」

政治社会・人間社会において、

1、人が人として、自由に政治運営・国家運営に参加することができる

2、人が人として、自由に政治活動を行ない自由にその政治的意思を表明し表現することができる

3、人が人として、自由に社会活動や社会的発言を行なうことができる

4、人が人として、人としての生き方における法規範や社会規範を超える以上の格別の制限や干渉を受けることなく自由にみずからの願いどおりに生きていくことができる

その政治的社会的人間的状況が、政治制度的・社会体制的・社会意識的に十全に形成され確立され保障されていること。

二、第二政治的社会的人間的至福要素＝「社会的人間的平等」

政治社会・人間社会において、

1、人が、その社会生活において、また、人としてのあり方において、

イ、「人種・民族・性別・資質・能力」等の人間的属性の差異。

ロ、「出身社会・所属集団・所有物相」等の社会的属性の差異。

ハ、「政治思想・宗教思想・道徳思想」等の社会思想的属性の差異。

ニ、「言語・風俗・慣習」等の社会生活的属性の差異。

等の差異を理由とするなんらの社会的差別・人間的差別を受けることなく、それぞれが人として平等かつ対等に扱われながら生きていくことができる

その政治的社会的人間的状況が、政治制度的・社会体制的・社会意識的に十全に形成され確立され保障されていること。

三、第三政治的社会的人間的至福要素＝「主権的人権的尊厳」

政治社会・人間社会において、

1、人が、国民として、自国の他国に対する主権的態様を保全することができ、国民自身のみによる政治運営・国家運営によって国民としての最高最善にして理想の政治様態・国家様態を得ることができる

2、人が、自身における人としての尊厳に対する侵害を排除することができ、他に対して人としての尊厳を主張することができる

その政治的社会的人間的状況が、政治制度的・社会体制的・社会意識的に十全に形成され確立され保障されていること。

四、第四政治的社会的人間的至福要素＝「国際的国内的平和」

政治社会・人間社会において、

1、人が、国家間における戦争や軍事紛争・軍事対立等のない平穏平和な国際環境を得られる

2、人が、内戦・内乱や武力衝突および暴力行為等の起こらない平穏平和な国内環境を得られるその政治的社会的人間的状況が、政治制度的・社会体制的・社会意識的に十全に形成され確立され保障されていること。

五、第五政治的社会的人間的至福要素＝「文化的文明的繁栄」

政治社会・人間社会において、

1、学術・芸術・運動競技・趣味・娯楽等の文化的営みを自由に行なえる必要にして十分な社会環境が整えられており、かつ、この環境下に各人がそれぞれにその研究活動・創造創作活動・学習活動・練習活動・実行活動等をその欲するままに自在に行なえる

2、その発達した科学文明・経済文明・技術文明・医療文明等の諸文明の恩恵下にあって、各人がそれぞれに心身ともに健康かつ快適で精神的・物質的に豊かな日常生活を営めるその政治的社会的人間的状況が、政治制度的・社会体制的・社会意識的に十全に形成され確立され保障されていること。

（2）

の五種の政治的社会的人間的状況要素。】

をいう。

「2」

2、「基本的生存権」の保障。

（1）

『世界連合』においては、

1、すべての国家において、

イ、そのすべての国民が**『基本的生存権』**としての「人格的生存権・身体的生存権・生活的生存権・職業的生存権・人権的生存権・政治的生存権・主権的生存権・生命的生存権・文化的生存権・環境的生存権の**十種の社会的人間的権利**」を十全に保障されて生存し生活しうる社会的条件・政治的条件。

（2）

を制度的実際的に整備し確立することをめざす。

（注1）。

【基本的生存権】とは、

【人がその帰属する社会において「その社会的人間的至福を得るために必要不可欠である人としての十全なる生存状態・生活状態」を確立するために『その社会的保障を受けることが必要不可欠である十種の社会的人間的権利』で、

1、「すべての人が『人（ひと）』として等しく固有し等しく主張し等しく享受すべき社会的人間的権利」としての

2、『人格的生存権・身体的生存権……生活的生存権・職業的生存権・人権的生存権・政治的生存権・主権的生存権・生命的生存権・文化的生存権・環境的生存権』の十種の社会的人間的権利。】

をいう。

（3）

（注2）。

「『**基本的生存権**』としての**十種の社会的人間的権利**の各定義」に関しては、以下のイ～ヌのとおりである。

イ、第一基本的生存権＝「**人格的生存権**」

個人および社会人としての健全にして円満なる人格と精神の形成を行ない、個人的および社会的な生存と生活に必要な諸知識および諸教養を得るために、その必要にして十分な公的教育を受ける社会的人間的権利および公的施設を利用する社会的人間的権利。

ロ、第二基本的生存権＝「**身体的生存権**」

罹病《りびょう》・負傷等の心身不全の状態もしくは心身障害の状態に対する予防・治療・介護・援護を受け、心身ともに健康にして日常の営為に支障のない生活を営む社会的人間的権利。

ハ、第三基本的生存権＝「**生活的生存権**」

衣食住およびその他の日常生活の健全なる営みのために必要不可欠である資金および要件要品に関して必要基準相当の供給を受け、かつ、その質的量的充実を得る社会的人間的権利。

ニ、第四基本的生存権＝「**職業的生存権**」

みずからの労働適性にあった職場と良好な労働環境を得、生計を営むにたる必要にして十分な労働報酬を得る等の職業的経済活動を十全に営む社会的人間的権利。

ホ、第五基本的生存権＝「**人権的生存権**」
自身における人としての尊厳に対する侵害を排除し、他に対して人としての尊厳を主張する社会的人間的権利。

ヘ、第六基本的生存権＝「**政治的生存権**」
国家統治にかかわる主権者として、政治的情報を十分に得、政治的意思を自由に表明し、政治の運営に自由に参加し、政治的権益を相応かつ十分に享受する社会的人間的権利。

ト、第七基本的生存権＝「**主権的生存権**」
国家（自国）の他国に対する主権的態様を保全し国民自身のみによる政治運営・国家運営によって国民としての最高最善にして理想の政治様態・国家様態を得る社会的人間的権利。

チ、第八基本的生存権＝「**生命的生存権**」
天災・人災・戦災その他の災害による危難を免れ、その生命を保全する社会的人間的権利。

リ、第九基本的生存権＝「**文化的生存権**」
文化的学術的活動を行なうための必要にして十分な資金・組織・施設・環境を得、自由に文化的学術的活動を行なう社会的人間的権利。

ヌ、第十基本的生存権＝「**環境的生存権**」
快適かつ健康的な生存と生活を営むための必要にして十分な自然環境・社会環境を得る社会的人間的権利。

「3」

3、「南北格差」の是正。

『**世界連合**』においては、

1、「二十一世紀前半期における人類にとっての最大かつ緊要の汎世界的汎人類的政治課題の一課題」は、

イ、「いわゆる南（先進諸国）と北（発展途上諸国）の国々における経済格差のみならず、主としてこの格差（模式的に言えば、北の国々はあまりに富み、南の国々はあまりにも貧しい。その貧富の格差）を要因として発生する『医療・教育・人権・生活環境・政治環境・文化環境等々の人としての基本的生存権の保障とその享受』にかかわる南北の質的量的格差」を是正することである。

と認識し、

2、「この認識」、および、

イ、「とりわけ南の国々において顕著となる『人口爆発の現実』を要因としてこの格差是正の必要性は今後ますます増大する」との認識。

をその機構運営の動機として、

3、すべての国家のすべての国民に対して

イ、「良好なる民生と福利の享受」をなさしめ、

ロ、「『**人としての十種の基本的生存権**』に対する万全かつ平等なる保障」を確立すること。をめざす。

「4」

4、「地域的紛争・地域的利害対立」の調停と裁定。

『**世界連合**』においては、

イ、「人種・民族・宗教・言語・慣習・歴史経緯等の相違」を原因として生起しかつ「当事国・当事地域のみの解決努力によっては制御収拾しえない『**地域的紛争・地域的利害対立**』」。に対しては、

1、『公正中立の立場に基づいての調停・裁定』を行ない、その解決をめざす。

「5」

5、「環境問題」の解決。

『**世界連合**』においては、

1、「すべての国家のすべての国民に対し、その良好で安全な生存環境・生活環境・社会環境を形成し保障すること」をめざし、

2、とりわけ、「『**汎地球的規模で発生する環境悪化問題**』に対しては、全加盟国家を統御しての対応を行ないその早急かつ完全なる解決を行なうこと」をめざす。

「6」

6、「経済・文化・学術」の振興。

『世界連合』においては、

1、「すべての国家における『**経済・文化・学術の振興と興隆**』を図り、すべての国家のすべての国民に対しその恩恵をもたらすこと」をめざす。

三、「世界連合」の定義

『1』

『一』～『三』における考察と結論より、

【世界連合】とは、

【『人類院』によるその創設勧告」に従い『国際連合の改革機構』として「二十一世紀前期の終わり頃の時期」に創設され活動する『第一世代の国際連盟・第二世代の国際連合に次ぐ汎世界的国家連合機構としての第三世代の汎世界的国家連合機構』で、

1、その唯一の「加盟国家資格」としての

イ、『政治的真理・政治的正義・政治的良心の一単位』としての資格。

においてのみ加盟しかつ機構運営に参加する諸国によって構成され、
2、『汎世界的な国家の連合機構』として、
イ、「加盟各国に対する機構運営上の相互に対等かつ平等な権利権能の保障と特権国の不設定」の前提のもとに、
ロ、「その機構運営に関する相互に対等な権利権能を保有し合う加盟各国に対する『弱い（国際秩序を形成し維持するための必要最小限の）連邦的統治権能（強制的執行権能）』を備えた執行機関」を具有し、
3、「二十一世紀の人類社会・国際社会において解決されるべき政治的社会的主要課題」としての
イ、「恒久平和」の実現。
ロ、「政治的社会的人間的至福の五要素」の形成と確立。
ハ、「基本的生存権」の保障。
ニ、「南北格差」の是正。
ホ、「地域的紛争・地域的利害対立」の調停。
ヘ、「環境問題」の解決。
ト、「経済・文化・学術」の振興。
等の諸課題を解決することをその機構運営の主要目的として活動し、
4、その「運営活動」に際しては、その機能と作用を『人類院』と相互補完的に連携し合うことにより、

5、これらの政治的社会的課題を汎人類的規模・汎世界的規模で効率的かつ体系的に解決する

6、汎世界的国家連合機構。】

をいう。

―完―

【筆者略歴】

竹本　護（たけもと　まもる）

昭和18年（1943年）12月・香川県東かがわ市生まれ。

旧・京都学芸大学（現・京都教育大学）第一社会科学科中退。

哲学者。現在は、『政治哲学論稿【契約主義大論】全八巻・約一万二千枚』の執筆（最終清書）中。

　　　【契約主義大論】
第一巻【「契約主義」および「『人類院』創設の構想」】
第二巻【「契約主義」における『恒久平和構想』】
第三巻【『日本契約国』の存立原理と統治制度】
第四巻【主権者行為】
第五巻【「公理命題軍事論」および「公理命題死刑論」】
第六巻【『日本契約国』建国のための政治的諸論】
第七巻【日本契約国憲法
　　　　―日本契約国憲法と日本契約国国家構成契約書―】
第八巻【契約主義革命
　　　　―『日本契約国』建国の構想―】

昭和41年４月（22歳）から昭和53年５月（34歳）までの13年間、「成功すれば哲学者、失敗すれば世捨て人」の覚悟のもとに京都市郊外の名神高速道路の橋の下の河原で住所不定の人間としてのテント暮らしをしながら思索生活を続け、『新政治哲学【契約主義】の原理的骨格』を形成。

以後、パートタイマー・新聞配達員をしながらその体系化に取り組み今日に至る。

『人類院』創設の構想

『人類大統合』を目指して

2016年 2 月22日　初版第 1 刷発行

著　　者　竹本 護
発 行 者　韮澤 潤一郎
発 行 所　株式会社 たま出版
〒160-0004　東京都新宿区四谷4-28-20
☎ 03-5369-3051（代表）
http://tamabook.com
振替　00130-5-94804
組　　版　一企画
印 刷 所　株式会社エーヴィスシステムズ

ISBN978-4-8127-0390-8　C0011